《新中国小学教育研究70年》总目

综合卷　　易　进　卢立涛　周逸先／著

语文卷　　姚　颖　张　瑾　石英梅／著

数学卷　　刘京莉　张春莉／著

科学卷　　高潇怡　陈红兵／著

英语卷　　阚　维／著

新中国小学教育研究70年

（英语卷）

阚维◎著

丛书主编◎朱旭东
丛书副主编◎王本陆 张春莉

人民教育出版社
·北京·

图书在版编目（CIP）数据

新中国小学教育研究70年. 英语卷 / 阚维著. —北京：人民教育出版社，2020.8

ISBN 978-7-107-34639-2

I. ①新… Ⅱ. ①阚… Ⅲ. ①英语课—教学研究—小学 Ⅳ. ① G623

中国版本图书馆CIP数据核字（2020）第111242号

新中国小学教育研究70年 英语卷

出版发行 / 人民教育出版社

（北京市海淀区中关村南大街17号院1号楼 邮编100081）

网 址 / http://www.pep.com.cn

经 销 / 全国新华书店

印 刷 / 北京华联印刷有限公司

版 次 / 2020年8月第1版

印 次 / 2020年9月第1次印刷

开 本 / 787毫米 ×1092毫米 1/16

印 张 / 11.5

字 数 / 142千字

印 数 / 0 001~1 500册

定 价 / 35.10元

《新中国小学教育研究70年》总序

新中国成立70年来，特别是改革开放以来，我国小学教育研究事业蓬勃发展，成为中国特色社会主义教育事业的重要组成部分，为我国教育事业的整体跨越和经济社会发展的全面进步做出了重要贡献。实践证明，促进小学教育的改革与发展，离不开小学教育研究的理论先导和专业引领。通过广大小学教育研究者的潜心耕耘，我国小学教育研究可谓枝繁叶茂，硕果累累。这些研究成果是小学教育研究者勤奋与智慧的结晶，更是当代中国教育科学宝库中弥足珍贵的财富。

为了进一步推动我国小学教育研究事业的科学发展，北京师范大学小学教育研究中心与人民教育出版社决定在新中国成立70周年之际，共同组织编写出版《新中国小学教育研究70年》。本丛书共计五卷，包括综合卷、语文卷、数学卷、科学卷、英语卷。

编写出版本套丛书的宗旨是：全面展现新中国成立70年来特别是改革开放以来我国小学教育研究的光辉历程、主要成就和宝贵经验。本丛书不仅系统总结小学教育研究70年来的整体发展概况，而且重点梳理小学语文教育研究、小学数学教育研究、小学科学教育研究、小学英语教育研究等研究领域的演进，还细致分析70年来我国小学教育改革发展在理论上取得的重大突破。在探究70年来我国小学教育研究轨迹的基础上，本丛书尝试站在新时代的高度和中外小学教育改革实践的前沿，思考我国当前小学教育研究面临的挑战，展望我国小学教育研究发展的愿景。

本丛书适合广大小学教育研究者、高等院校小学教育专业的师范生、一线的小学教师以及对小学教育感兴趣的读者阅读。在丛书的编写过程中，我们通过多次研讨，逐步达成以下几点共识。一是坚持以历史唯物主义为指导，论从史出，史论结合：结论要有史料依据，不能妄加判断，随意发挥；要注意小学教育研究各个专题70年发展的内在逻辑；对各专题研究成果进行系统梳理时，力求做到客观准确，杜绝主观想象。二是注意理论研究成果与实践研究成果相辅相成、相得益彰：既关注小学教育研究的专著与教材、期刊论文与硕博论文所体现的理论研究成果，又尽量覆盖实践研究中涉及的重要政策和文件、关键人物和组织的主要活动，以比较全面地反映70年来丰富多彩的研究成果。三是各卷依据其核心主题设计章节：除前言外，每一章大都是按照历史回顾、主要成果、总结与展望等板块来展开，力求做到主次分明，重点突出。

本丛书得到了北京师范大学教育学部课程与教学研究院、中国教育学会教育学分会初等教育学专业委员会有关领导和吕达编审等专家的大力支持，在此谨一并致谢！由于水平有限，本丛书或有不当，恳请读者提出宝贵意见，以使本丛书日臻完善。

《新中国小学教育研究70年》编写出版委员会

2019年12月10日

本卷前言

英语教育是基础教育的重要组成部分，而小学英语教育又是基础英语教育之基础。新中国小学英语教育走过了70年的道路，但其真正的发展历史，仅有改革开放以来短短的40多年而已。

党和政府把教育放在优先发展的战略地位，把基础教育放在全部教育更为优先发展的地位。外语教育是国家教育事业的基础，它的发展事关祖国的下一代，事关国家乃至整个民族在全球化过程中的发展。从新中国成立至今，我国小学生总数长期保持在高位，英语师资力量不足的情况长期存在。作为教育整体变革的一部分，小学英语教育在发展过程中不仅应该注重学习人数的增加，更应该强调质量的提升；不仅要着眼于课堂教学或课程改革，而且要注重从职前英语师资培养、教师专业成长等多个方面促进教育结构或机制的创新。

政府在小学英语教育变革中起到了重要的推动作用。在班额较大而专业英语教师不足的背景下，全国还是大面积地完成了小学英语教学的覆盖。2000年全国小学生学习英语课程的比例为9.7%，短短五年后便跃升为60.5%。[①]从开课时间看，2002—2005年，无论是城市还是农村，小学英语课程的开设规模进入一个发展比较快的时期，[②]到2018年，在较发达的城市，一年级的开课率已达100%。小学英语课程的大面积开设，顺应了世界范围内在小学开设外语课程的潮流。在此过程中，小学英语教育工作者直面师资力量不足、城乡差异较大和大班额等先天不足的挑战，努力寻找适合我国小学英语教育发展的道路。

新中国成立初期的小学英语教育以政治性宣传为主要内容，英语教育研究的重点在于学习国外的语言教育理论和经验。这个时期小学英语教育强调语言知识的获取和语言能力的培养。小学英语教学继承了“单词、语法和课文”为核心这一教学传统。为满足国家对外语人才的急迫需求，20世纪60年代开始陆续成立了一些外国语学校，这使小学英语教育在艰辛岁月中得以发展。这个阶段，教学大纲、教材的设计都以语言知识的掌握为主线，这种为满足国家需要专门进行外语人才培养的方式，成为我国外语教育的一种独特尝试。20世纪80年代和90年代初期，受结构主义语言教学论的影响，小学英语课程高度强调语音、词汇、语法、基本句型等基础知识和基本技能的教学。进入21世纪，我国经济、教育、科技和国际交往快速发展，中国融入全球化大潮的程度日益加深，英语的重要性愈显突出。在留学热潮下，英语教育也越来越受到家长的重视，探索本土化的英语教育理论与实践广受关注。基础英语教育如何以学生为主体，改变以知识为本的被动吸收式的学习方式，培养学生自主学习和终身学习的能力，发展学生的合作、交流与创新能力，培养学生的社会责任感，是包括

① 陈琳:《让“多语种、高质量、一条龙”的愿望圆满实现》,《中小学英语教学与研究》2009年第1期。

② 王蔷:《我国小学英语课程政策与实施分析》,《中国外语》2010年第7期。

小学英语课程改革在内的基础教育改革的起点。[①] 从我国社会、经济发展和人才培养的需要出发，新课程改革充分汲取和借鉴国际先进的教育理念，提出了以学生为主体的教育理念，将英语课程定位为一门具有工具性和人文性双重性质的课程。我国英语教育界对包括小学英语在内的英语学科教育的认识逐渐从浅表化的工具性内涵，转向重视语言学科的社会文化内涵，教育目标中的交际能力得到正名。语法翻译法、听说法、交际法、任务型教学法不断更新教师对教学的理解，为实现不同阶段的教学目标打下了坚实的基础。

随着我国综合国力和国际地位的不断提升，社会对英语教育的需求发生了巨大的变化。小学英语教育发展模式也正在发生着变化。小学英语课程体系更加关注语言学习本身，力求使小学生形成一定的语感和良好的语音语调基础，具备初步用英语交流的能力，为他们进一步学习外语创造条件。同时，小学英语教育也更加关注通过外语学习培养小学生对语言和文化的兴趣，使他们建立自信，树立开放和积极的学习态度。根据这一课程定位，在近20年的新课程改革过程中，小学英语教学逐步开始纠正以语言知识为主线的倾向和做法，将听、做、说、唱、玩、演等符合儿童年龄和心理发展特征的教学方式引入课堂，尝试为儿童英语学习创设生动活泼、积极参与的学习环境。让小学生爱学英语、乐学英语、会学英语，以从根本上摒弃死记硬背、机械模仿的被动学习方式，充分体现小学英语课程对儿童发展的意义与价值。以此为出发点，小学英语课程的学习既是学生通过英语学习和实践活动逐步掌握英语语言知识和技能、提高语言实际运用能力的过程，又是磨砺意志、发展思维、陶冶情操、拓展视野、提高

① 王蔷：《我国小学英语课程政策与实施分析》，《中国外语》2010年第7期。

人文素养的过程。

新中国成立70年来，小学英语教育走过了一条不平凡的道路，秉持了“面向现代化，面向世界，面向未来”的使命。本书集中体现了我国小学英语教育的研究者和实践者不断积极探索，找寻适合中国小学英语教育发展之路的过程。

目录

绪论

第一节
小学英语教育研究的发展阶段及其特色

新中国成立以来有关小学英语教育的研究相对比较薄弱。作为英语基础教育的一部分，小学英语教育研究的领域、方法等与中学英语教育重叠在一起。尽管如此，70年来，小学英语教育还是逐步发展起来，特别是在新课程改革以后，有关小学英语教育的研究越来越受到重视。小学英语教育研究逐步成为研究者关注的领域之一，小学英语教育逐步形成了自身的学科体系、学科理论基础和评价模式。这一过程可以分为四个阶段。

一、新中国成立以后至改革开放之前（1949—1977年）

刘道义称，这一阶段是小学英语教育的“迂回曲折”阶段[①]，张正东形象地称之为“东西跳动期”[②]。从1949—1956年，新中国基础教育的首要教育任务是“有计划、有步骤地改造旧的教育制度、教育内容和教育方法”[③]。1952年，教育部颁布了《小学暂行规程（草案）》和《中学暂行规程（草案）》。这两个文件首次明确规定了我国中小学的课程设置、组织

① 刘道义：《百年沧桑与辉煌：简述中国基础英语教育史》，《中国教育科学》2015年第4辑。

② 张正东著：《中国外语教学法理论与流派》，教育科学出版社2000年版，第2页。

③ 陈艳君：《基于本土视角的中国英语教学法研究》，湖南师范大学博士学位论文，2015年。

管理体制、教学计划、教学原则等。其中，对于外语课程的要求为："外国语一科，各校得视具体条件，教授俄语或英语。"但由于新中国成立后实行的"一边倒"外交政策，使得新中国成立以前以英语为核心的外语传统教学转向为以俄语为中心的外语课程教学体系。另外，新中国成立后的三十年间，有关基础教育英语的研究几乎都集中在中学阶段，小学英语教育研究很少。但是，对中学阶段教学、课程内容方面的研究，都对后来的小学英语教育发展产生了一定的影响。

1951年3月，中华人民共和国中央人民政府教育部颁布了《普通中学英语科课程标准草案》，其中包括"初级中学英语课程标准草案"和"高级中学英语课程标准草案"两大部分。这是新中国成立以后教育部首次颁布的英语课程标准，但在当时全面学习苏联的背景下，很少有相关的中小学英语教育方面的研究。1958—1960年，"大跃进"的狂热风潮使得英语教育界掀起了"教育大革命"。一些教材尝试在九年一贯制教育中加快各门学科的学习，使6岁入学、15岁毕业的学生的学业水平能够达到大学一、二年级的程度。1960年，北京师范大学外语系编制了这样的教材，其中小学阶段的前三册教材在个别学校试用时就被证明仅仅突出了政治宣传性，不符合语言教学规律。[①]这种"加速学习"的英语教学不断升温，北京景山学校成立后，开始推行从小学一年级起开展外语教学的试验。紧接着，国家层面试图从小学阶段开展英语教学，这成为新中国成立以来小学英语教育改革的积极尝试。1960年10月，全国中小学文教工作会议召开，会后成立中小学教材编审领导小组。为了满足十年制学校教学的需要，教育部决定由人民教育出版社编写十年制中小学教材。1962年，人

① 刘道义：《百年沧桑与辉煌：简述中国基础英语教育史》，《中国教育科学》，2015年第4辑。

民教育出版社成立了外语编辑室。1963年，教育部颁布了《中小学全日制十二年制新教学计划》，人民教育出版社开始编制十二年制中学教材。这套英语教材曾在北京景山学校试教，并从1963年秋季开学在全国普遍使用，受到了好评。但好景不长，“文革”的爆发使小学英语教育再次陷入停顿。

周恩来和邓小平主持中央日常工作期间，小学英语教育受到中美建交的影响，有了短暂的恢复。外语教育开始受到重视，不少省份相继编写了中小学教材。我国恢复联合国合法席位和中美建立外交关系以后，对外语产生了迫切的需要，全国各地掀起了一股开设外语课的热潮。小学不但开设英语课，有些学校还开设了日、俄、法、德、阿等其他语种的课程。但是，当时中小学所使用的英语教材片面强调政治性，很难帮助学生有效地学习外语。

新中国成立以后的30年间，我国小学英语的课程研究经历了种种波折，关于外语教学法的研究也处于停滞状态，但这一时期欧美国家在外语教育领域中涌现了大量研究成果。这期间，我国有关英语教学的著作在借鉴国外的语言教学经验的基础上，试图为当时刚启动的大规模外语教学提供直接指导，比较有代表性的著作有《如何教阅读课》《外国语教学法的几个问题》《外语教学中的独立作业》等。通过检索中国知网我们发现，1949—1977年《外语教学与研究》及《外语语言研究论文索引》刊登与收录的涉及外语教学法的文章仅55篇。这时期学者们主要介绍了国外的语法翻译法、直接法和听说法等教学法，并阐述了这些教学法在教学实践中的应用效果。①总的来说，这一阶段发表的外语教学研究论文数量很

① 陈艳君：《基于本土视角的中国英语教学法研究》，湖南师范大学博士学位论文，2015年。

少，且多为经验介绍，理论层面的系统研究不多。

二、改革开放至20世纪末（1978—1999年）

粉碎“四人帮”以后，我国面临着百废待兴的局面。根据刘道义的回忆，这一时期参与课程设计的专家试图尽快弥补“文革”十年给英语教育造成的损失，改正教学大纲的设计不符合现实条件的问题。在拨乱反正的过程中，学校纠正了不顾外语教学规律、片面突出政治性的弊端，稳定了教学秩序，加强了基础知识和技能训练并逐步提高了英语教学质量。在此后的二十年中，在大纲和教材实施的过程中，编写组不断征求各地意见。这一时期，小学英语学习的主要目标是，要求学生掌握基本的语音、词汇和语法，小学英语教材以语法规则和句型练习为主线，教学注重将词的用法以句型的方式教给学生。其中，词汇的讲解采取归纳的方法，句型练习提供典型结构，课文教学以句型练习和其他练习为主，翻译法用来检查学生对课文的理解。①同时，教学评价以学生语法知识的掌握为核心，对语言运用能力的关注度很低。由于教学是以知识传授为重点，师生通常都将英语作为一门学科来教授和学习，缺少学以致用的意识，久而久之形成英语教学的“老三样”——单词、语法和课文。

随着国家实施九年义务教育并强调素质教育，英语教育也开始关注学生初步运用英语交际的能力。《义务教育全日制小学、初级中学教学计

---

① 课程教材研究所编：《20世纪中国中小学课程标准·教学大纲汇编：外国语卷（英语）》，人民教育出版社1999年版，第123—124页。

划（试行草案）》（1988）和《九年义务教育全日制小学、初级中学课程计划（试行）》（1992）规定，语言的基本功能是交际，“语法性”只是一个方面。大纲还指出，教学不应过于强调语言形式的练习，而应使语言形式和语言意义、生活实际相联系，培养学生运用语言进行交际的能力。大纲在规定语言基础知识的基础上提供了《功能意念项目简表》，要求学生能够用其中的表达法来交流。但实际上，对学生运用英语交际能力的培养不够。在教材的编写上，受结构主义语言教学论的影响，英语语音、词汇、语法、基本句型等教学内容仍然占主导地位。当时流行的听说教学法也主要强调通过句型结构的反复操练来培养学生的听说能力。听说练习以固定句型学习为主，脱离了相关的文化背景和生活实际，不利于真正培养学生运用英语进行交际的能力。

在1996年编订的《全日制普通高级中学英语教学大纲（供试验用）》中，英语教学目的增加了激发学生的学习兴趣、增强学习信心、发展自主学习英语的习惯和策略、培养思维能力、渗透思想道德教育和国际理解教育等方面的内容。在教学内容方面，英语教学大纲在语言知识三大块（语音、词汇、语法）的前面增加了“日常交际用语”，从而使英语教学的内容能够更好地满足交际要求。同时，为了使英语课程适应地方的特征和满足学生的个性化学习需要，地方课程和活动课程开始受到重视。在教学理论方面，乔姆斯基提出的“语言是社会文化现象”的观点受到学界的重视，“语言交际观”为英语教学模式的改革提供了理论基础。在这样的背景下，英语教学实践从以单句的语法教学为中心向以整体性篇章、话语为中心过渡，强调教学要使语言的形式和意义联系，尤其要与学生兴趣和生活实际相联系，培养学生的语言交际能力。

经过20世纪80年代和90年代初期的课程改革，学界对英语学科的认识逐渐从工具性内涵转向重视语言学科的社会文化内涵。学校英语教学也注重汲取欧美国家的语言学习理论，提升教师对外语教学理解。但是，如何从语言本身出发，在尊重语言规律，基于语言理论的前提下科学地对待外国语言的教学，是这个时期国人开展外语教学时面临的挑战。

三、进入21世纪至今（2000—2019年）

2001年5月，国务院印发《关于基础教育改革与发展的决定》，同年6月教育部印发《基础教育课程改革纲要》。这个阶段，基础教育课程改革的突出特点是，全面贯彻国家教育方针，以提高国民素质为宗旨，以培养创新精神和实践能力为重点，促进学生健康发展，培养良好品德，培养终身学习的愿望和能力。

为了提高外语教学水平，教育部于2001年1月发布了《关于积极推进小学开设英语课程的指导意见》，要求各地积极推进小学开设英语课程，此后，全国小学开设英语课程的学校数量出现了跨越式的发展。教育部决定从2001年秋季起进行义务教育新课程试验推广工作。义务教育课程标准与教材实施十年后，通过大量的调研和听取一线师生的意见之后，教育部修订了课标，颁布了《义务教育英语课程标准（2011年版）》。这一阶段小学英语教育的研究集中在几个方面。一是明确了英语课程的性质不仅具有工具性，而且具有人文性，扭转了外语学科仅具有工具性的片面看法。2011年版义教课标指出："英语课程具有工具性和人文性双重性质。就工具性而言，英语课程承担着培养学生基本英语素养和发展学生思维能力的任务……就人文性而言，英语课程承担着提高学生综合人文素养的任务……”课程标准从民族素质教育的高度、从国家发展的角度明确了外语教育对人的发展的重要意义。二是统筹考虑义务教育小学、初中与高中课程设置，提出了五级目标体系，并与高中课程的第六至九级相衔接。这进一步体现了课程的基础性、多样性和选择性，以及以学生的发展为本的课程理念。三是规定课程目标是通过英语学习使学生形成初步的综合语言运用能力，形成语言技能、语言知识、情感态度、学习策略和文化意识等。在落实能力培养过程中，课程标准有很多革新点，普适性的标准有，“关注学生生活世界，联系学生的生活经验”“采用自主探索和合作交流的学习方式”“采用多元化和发展性的评价方法”等。学科性的标准有，从注重“知识学习”到注重“综合语言运用能力”培养，“教师要渗透多元文化意识”，英语教学以“用语言做事情”为出发点使用“任务型教学”，“让学生参与和体验语言应用的情景、文化等”。此后，核心理念和学科教学改革中的关键点是否落实也是课程实施研究中的一个重要话题。

2010年，《国家中长期教育改革和发展规划纲要（2010—2020年）》颁布，不仅规划了教育发展的规模和结构，而且要求教育适应社会主义市场经济体制改革的需要，推进教育管理、办学和投入等体制改革。党的十九大更是对落实立德树人根本任务和发展素质教育等作出了新的规定。据此，小学英语教育的目标从单一的提高学生语言知识转向关注学生综合素养的提升，从过分重视应试教学转向关注学生的终身发展。

第二节
小学英语教育研究的主要成果

一、小学英语教育研究的相关成果

新中国成立后，小学英语教育研究在相当长的时间里几乎是空白。一些有关小学英语教育史的研究，常常与中学英语教育研究联系在一起，小学阶段英语教育的源流、发展、特点等方面的研究，也散见于一些中学英语教育相关的著作当中。小学英语教育在20世纪90年代后期，特别是进入21世纪以来才进入发展的快行道。

1986年，上海外语教育出版社出版的《中国外语教育史》是有关中国外语教育史的第一部学术专著①。该书以丰富的史料论述了近代以来外语教育的概况，特别是对1949年新中国成立后的外语教育史料进行了分析。该书主要研究了大学及中学外语教育以及俄语教育，体现了新中国成立以来我国外语教育的主要特点。1988年，上海外语教育出版社出版了李良佑、张日昇和刘犁编著的《中国英语教学史》。②该书记述了更多新中国成立以后中国英语教学的发展历史，提供了更多英语教育发展的史料。但是，该书没有涉及小学英语教学。章兼中主编的《小学英语教育学》③比较全面地论述了小学英语教学的理论基础、课程设置、教学目标

---

① 付克著：《中国外语教育史》，上海外语教育出版社1986年版。

② 李良佑、张日昇、刘犁编著：《中国英语教学史》，上海外语教育出版社1988年版。

③ 章兼中主编：《小学英语教育学》，福建教育出版社2016年版。

以及教与学的原则、课堂教学等方面的内容。该书是目前比较全面论述小学英语教育发展的重要著作。

20世纪90年代以后，教育期刊比较及时地反映了小学教育研究的成果和动态。对基础英语教育影响最大的核心期刊有两种，即华东师范大学主办的《中小学英语教学与研究》和北京师范大学主办的《中小学外语教学》。《中小学英语教学与研究》主要刊发中小学英语教学（后来专门设立了“小学英语”栏目）、课程改革、教学模式、文化之角、语言知识、双语教育、学习策略等领域的研究文章，其服务对象是有志于研究英语教学的中小学教师、研究生、科研院所的研究人员。《中小学外语教学》更偏重于理论的引进、分析。有学者研究了《中小学英语教学与研究》2011年刊登的文章，发现其中关于小学英语教学的文章不到20%，关于中学英语教学的文章占多数。可见，中学阶段的英语研究占有主导地位。两种期刊专栏的设置上有一定的相似之处，例如，都设置了旨在帮助教师巩固英语本体知识的“语言知识”“教研动态”等栏目，也设置了帮助教师了解新教育理念的“案例登载”“课堂教学”等栏目。中国人民大学《复印报刊资料·小学英语教与学》深受小学英语教师欢迎。有研究者分析了该期刊2016年的转载情况，发现其全年转载的文章主要来自《中小学英语教学与研究》《江苏教育》《英语学习》等期刊，这些期刊中的文章占转载论文总数的81.5%。且研究表明，受一线教师欢迎的文章作者主要来自实践领域。

英语教育一直是围绕课堂进行的教学活动，很少涉及课外教学活动，除了上述的学术类英语教育期刊之外，英语学习类期刊的出现和繁荣正好为丰富小学英语教学活动提供了有益的指导。相关研究关注了20世纪90

年代以来一系列英语学习类期刊的发展过程，[①]列出了近20年来出版的、融知识性与趣味性于一体的小学英语学习类期刊。在这些小学英语学习类期刊中，根据其功能的不同又可以细分为教辅类英语学习期刊和非教辅类英语学习期刊。教辅类英语学习期刊以辅助英语课堂教学为目的，严格遵照各级英语教学大纲组织编写，刊登有关英语学习辅导和英语教学方面的文章，以帮助各级学生更好地学习英语，同时为英语教学工作者提供英语教学经验交流的平台，如《英语通》（小学版）、《英语作文酷》（小学版）、《阅读与作文》（小学英语辅导）、《英语大王》（上半月小学版）、《英语学习辅导月刊》（趣味小学版）等。非教辅类英语学习期刊则以激发和培养读者学习英语的兴趣、提高读者的英语水平和能力、传播和介绍西方文化为宗旨。这类期刊不拘泥于英语教学大纲，根据不同类型读者的特点灵活定位，内容更加丰富，如《小雪花》《小学英语画刊》《英语沙龙》《疯狂英语》等。

无论是专著还是期刊，对小学英语的研究都经历了一个从怀疑到肯定的过程。早在1992年，桂诗春就提出了对“外语要从小学起”做法的质疑。[②]此后，不断有专家学者对小学开始开设外语课的做法提出疑问。不少研究者从二语习得的最佳年龄入手，分析了小学是否该开设外语[③]，探讨了母语为汉语的儿童学习英语的最佳年龄等问题[④]。随着我国加入世界贸易组织，改革开放的步伐不断加快，小学开设英语课的做法还是迅速在全国范围内推广，提早开始进行英语的学习逐渐成为家长、社会、学校

---

① 夏向东：《中国英语学习类期刊发展研究》，武汉大学硕士学位论文，2005年。

② 桂诗春：《外语学习时间要越早越好吗？——从宏观上考虑中学英语教学改革》，《外语教学与研究》1987年第1期。

③ 戴曼纯：《第二语言习得研究中的理论建设问题》，《国外语言学》1997年第4期。

④ 沈文：《试探儿童学习英语的最佳年龄及教学策略》，《常州师范专科学校学报》2003年第1期。

的共识。

英语学习应始于儿童且越早越好的观点从理论上可以归溯到伦内伯格（Lenneberg）在1967年提出的“语言学习关键期假说”（critical period hypothesis）。基于对儿童语言障碍的研究，伦内伯格指出，儿童从两岁起至青春期（10—12岁）之前，由于受大脑中的语言习得机制的影响，能够轻松地习得语言。而青春期之后，大多数人的大脑发生了侧化，人脑已经发育成熟，神经系统不再有弹性，儿童的语言习得机制开始失去作用，语言学习也就越来越困难。虽然该假说最初不是针对二语习得提出的，但却引发了无数有关二语习得年龄的研究和争论。一些调查研究发现，儿童在语言习得的很多重要领域占有优势，只有从小开始学习外语的学习者才可能掌握流利的、像本土人一样的口音。有部分调查认为，年长的学习者在掌握知识的速度方面较年轻的学习者更有优势，学得更快。也有研究者认为，年幼的学习者在语音习得方面有优势，但年龄也只是其中一个有利条件，年长的学习者也可能达到本土语言者的语音水平。

在我国，有关外语学习的起始年龄的争论一直存在。国家教委1985年组织的全国中学英语调查的结果表明，中学生的英语成绩与是否在小学阶段学过英语并无直接关系。我国许多老一辈的知名外语专家学者，如季羡林、许国璋、王佐良、陆佩弦、王宗炎、范存忠等都是在10—13岁才开始学习外语的。他们并没有从幼年学起，但也在外语方面取得了相当大的成就。然而，许多人认为，教师应该利用儿童在学习第二语言方面的优势，越早开始教授第二语言越好。很多国家都有从小学开始开设英语课的尝试。受相关理论的影响，我国社会有关人士和部分教育管理人员也认为，外语学习越早开始越好，外语学习年限越长效果越好。

胡晓艳对早期儿童双语学习的期望、偏好和感受开展了研究。她指出，来自成人社会的价值判断容易忽视儿童作为学习主体的事实。儿童对汉语和英语学习其实都感兴趣，但是，由于早期儿童置身汉语环境，因此他们更喜欢学汉语。早期儿童进行双语学习的经验源于儿童身体与周围世界互动获得具身体验，因此她建议课堂学习应该更多联系儿童自身的经验。同时，早期儿童对汉语学习感兴趣，汉语能力不断提高的同时，英语能力趋于下降。

对于义务教育阶段如何开展小学英语教育，目前也有一些争论。刘道义指出，英语教育为素质教育的一部分，我们的国民应该在不同程度上掌握一些外语。但是，英语不一定是每个人必要的谋生手段，不需要每个人都具有很高英语水平，因此，不必要求所有的小学都开英语课。如果不顾条件（学校管理、师资条件和内容衔接问题）就勉强开设英语，就会造成资源的浪费。刘道义形象地使用“一条龙”（从小学到大学进行英语教育）来比喻我国英语教育的特点。她指出，这条龙可大可小，也可有几条龙并举，即发达地区以从小学一年级开始到大学开设贯穿式英语教育，让英语学习成为“巨龙”。师资条件不足的地方，也可以从小学三年级、初中一年级甚至高中一年级开始学英语。

二、小学英语教育现状调查

2001年新版英语课程标准实施以来，针对各地区小学英语教学现状和问题的调查层出不穷。由于我国各个地区经济发展不平衡，教育教学条件和水平差异很大，小学英语的教学现状也各有不同，下面是几个不同地区的小学英语教学现状调查。

（一）上海、北京地区的小学英语教育

以束定芳为代表的课题小组在2001年10月至2002年6月对上海市的虹口、黄浦等区的二十几所小学进行了调查访问。调查发现，即便是在英语教育基础较好的上海地区，小学英语课程以三年级为起点也面临着“（领导）决心很大，（学生）兴趣很浓，（学校）困难很大，总体效果不佳”的局面。从全国来看，合格的英语教师比较短缺，优秀的英语教师更是稀缺，课堂教学是大部分小学生接触英语的主要、甚至唯一场所，学生认为英语课有意思的比例也很低。此次调查的样本学校大部分都是上海市教学水平较高的学校，且课题小组观察到的课堂教学大部分都是经过精心准备的。但即使是这样，调查结果也不容乐观，一些非重点的、普通的学校，日常的英语课存在的问题就更多了。除了对上海市的调查外，2003年以后，还有研究者对其他城市，如广州市、宜春市等地的小学英语教学现状进行了调查研究。调查表明，发达地区及大城市的小学英语教育在师资、教材、教学设备等方面都达到了一定的标准，但经济欠发达地区的小学英语教育质量亟待改进。

2013年，有学者对北京市海淀区的英语教学进行了调查，研究发现，即便在教育发展基础良好的地区，英语教学两极分化的程度也十分严重。二、三、四年级的学困生比例分别增加到了4.24%、4.87%和4.55%，且呈较明显的上升趋势。五、六年级的学困生比例分别大幅度增加到11.10%和10.45%。这一数据反映了大城市小学英语两极分化的情况非常严重。[①]其他类似的研究也发现，学生在课后投入英语学习的时

① 邹秋萍、周琳：《对小学英语两极分化现状的反思——北京市海淀区骨干英语教师问卷调查剖析》，《基础教育研究》2013年第9期。

间不均衡，家庭社会经济条件好的学生在英语学习方面的投入时间多，而家庭社会经济条件差的学生投入时间少。①也有研究提出，教师需要让学生感受到英语学习“有趣”和“乐趣”，中年级小学生对英语的学习兴趣普遍停留在“有趣”阶段，教师应该抓住学生此阶段的年龄特点和心理特点，进行“有趣”的英语教学。高年级阶段的小学生处于由“有趣”向“乐趣”发展的过渡期，年龄特点和心理特点发生了变化。让高年级学生保持英语学习的乐趣，就要求教师注意挖掘英语语言的美感、知识上的乐趣。同时，也有研究提出要提高小学英语作业有效性，平衡校内学习与课外学习，使课外作业层次化、趣味化和实践化，减少学习时间分布不均造成的影响。

（二）农村地区小学英语教育

相关的研究在江西省进行了小学英语教育的抽样调查。调研组共走访了88所小学（其中农村小学42所，城市小学46所），了解当前小学英语教育现状，听取他们对小学英语教育的意见。研究表明，要提高小学英语教育质量和教育效益，农村小学面临着一个两难的境地：一方面要认真贯彻教育部开设小学英语课程的要求；另一方面开设小学英语课程所急需的师资又得不到保证。部分农村小学在接到小学英语教育现状调研组要来校调研的通知后，校长不得不临时请外校英语教师来应付调查。②

具体问题表现在以下几方面。一是师资力量不足。很多农村老师不是英语专业出身，学历也大多数在专科及以下，转岗教师的比例很大，很多

---

① 秦刚、鲜子英、陈国彬：《中小学校内教育不公平危害浅析》，《科学咨询：教育科研版》2012年第9期。

② 何声钟：《江西省小学英语教育现状调查与思考》，《江西教育学院学报》2010年第6期。

老师利用假期接受英语培训然后回去当老师。许多“半路出家”的老师英语发音不准确，缺乏基本的教学能力，对学生英语的学习产生了极大的负面影响。二是学生的课堂参与程度不高。受周围特定环境与家庭教育影响，农村地区的小学生往往会显得更加胆小拘谨、不善言谈。农村地区小学生的英语接触量非常有限，除了在课堂上接触英语之外，最主要的课外英语恐怕就是老师布置的作业了。大部分学校图书馆英语图书严重缺乏，甚至根本没有图书馆。学生也很少拥有自己的录音机、电脑，学生能接触地道发音的机会可谓少之又少。三是课堂教学模式单调，教学方法落后，教学效果“费时低效”。应试教育在农村小学英语教育中占着统治地位。教师在处理教材时，不是着力培养学生的语言交际能力，而是把关注点放在了语言知识的输入上。课程安排不合理，许多老师无法完成最基本的英语教学，学生的学习积极性不高。

为了解决这些阻碍小学英语教育发展的问题，很多学者做了相关研究。郑海燕指出，改进农村小学英语教学应该做到以下几点。一是要加强管理和引导。学校应该重视小学英语课程的开设问题，不断更新教育教学观念，加强对小学英语教学的管理和指导。同时，要加大检查、督导和考核的力度。二是规范课程设置。逐步实现小学英语课程设置和教学的规范化，包括起始年级的规范化，逐步实现教育部提出的在小学三年级开设英语课程的目标。三是改善英语教学条件。应加大投入，配备完善的多媒体设备，利用投影仪、计算机等进行教学。①

随着城市化进程的加快，我国小学英语教育面临的另一个挑战是，农村产生了大量的留守儿童。留守儿童缺乏父母的照顾和监管，出现了一系

① 郑海燕:《农村小学英语教学现状及对策》,《教学与管理》2009年第12期。

列学习、心理、身体等方面的问题，这一群体逐渐受到社会的关注。石利媛以甘肃省G县、H市和L县部分中小学的973名学生为研究对象，通过问卷调查、学生考试成绩查阅等方法，了解西部农村留守儿童的英语学习状况，分析了父母外出对农村留守儿童的影响。研究发现，从个人方面看，在英语这一学科的学习中，西部留守儿童的学业自信心相对比较低。徐多云也在其论文中描述了安徽省某一公办农村中学的留守儿童现状。① 这所农村初中的大部分学生是留守儿童，他们多数和爷爷奶奶一起生活，父母在城市务工，与父母的沟通方式主要是电话、视频等形式。徐多云指出，很多留守儿童对英语的学习存在消极心理，大多数人认为自己未来的出路也是和他们父母一样出去务工，外语对于他们来说没有多少用处。只有部分学生想继续升学，他们认为现在学习英语很重要，应该重视英语课程的学习。

（三）少数民族地区小学英语教育

少数民族地区教育对加快少数民族地区发展、构建和谐社会发挥着基础性、先导性作用。少数民族地区小学英语教育改革将直接影响少数民族地区英语教育的质量。因此，也有不少学者对少数民族地区小学英语教育情况进行了调查。与农村地区的小学英语教育相似，少数民族地区的小学英语教育也存在教师水平低、课堂效率低、学生接触英语机会少及教学设施落后等问题。

与此同时，与大城市和农村地区相比，少数民族地区的英语教育问题面临着更大的挑战，因为少数民族地区的英语学习具有三语学习的特征。

① 徐多云：《农村留守儿童英语学习的障碍分析》，《考试周刊》2015年第86期。

随着国外三语习得研究成果的不断引入，国内研究者开始尝试结合国外三语习得理论，探索我国少数民族包括小学英语在内的三语教学实践。近年来，我国三语习得研究取得了大量成果，对少数民族地区三语教学起到一定的指导作用。有研究者以云南省景谷县X小学167名傣族学生、1名英语教师、1名教学管理者、12名家长为对象进行了研究。[①]通过问卷、访谈及课堂观摩等方法收集数据，研究揭示了以傣族地区为代表的少数民族地区三语学习课程设置不合理的现象。傣族地区小学英语课程开设时间早、课时安排较少，课程目标和授课内容均无法达到国家小学英语课程标准的要求。与城市和农村地区小学英语教育的问题一样，少数民族地区同样面临着师资力量薄弱这一核心问题。傣族地区英语任课教师数量不足，任课英语教师质量不高，虽然已有英语教师的专业能力足以胜任小学英语课程，但由于课时量不足和缺乏行之有效的评价机制，致使已有教师的教学能力得不到提升。教学活动与教学原则相脱离、教学手段较为呆板、教学方法陈旧且存在一刀切现象。课堂管理较为随意，教师在教学原则、教学手段、教学方法及教学管理上对待傣族学生与汉族学生并无差别。除此之外，当前少数民族地区小学英语教材内容忽略了民族特殊性，学生对教材中以大城市儿童英语学习为主要对象的对话、场景缺乏认同。同时，英语学习的评价仍然停留在纸笔测试等单一的评价形式上，评价标准不全面。

① 杨斯琦：《傣族地区小学英语教育状况调查研究》，重庆师范大学硕士学位论文，2017年。

第一章

小学英语课程研究

课程在学校教育中处于核心地位，教育的目标、价值主要通过课程来体现和实施。受国际和国内形势的影响，新中国成立以后的前30年里，我国基础教育阶段的外语课程建设主要体现为对俄语的大力推广，更加凸显作为政治和经济建设工具的特征。改革开放以来的40多年，随着社会经济的恢复和发展，小学阶段的英语课程理念、课程目标、课程内容、课程实施以及课程评价等方面逐渐成为教育教学实践中的重要环节。随着全球化时代的到来，国际经济合作和贸易往来更加密切和频繁，小学英语教学的研究者、实践者开始重新审视英语课程的意义和价值。

1862年，京师同文馆建立，标志着清政府开始推行系统的、专业的英语教育。1904年，清政府颁布《奏定学堂章程》，全国的中小学课堂外语课开始以英语课为主，英语开始融入了中国的国民教育体系。1915年，《高等小学令施行细则》颁布，明确把英语列为主课并规定课程目的、课程要求和课时。至此，我国确定了以英语为主要外语的课程内容。国家颁布的教育法令中出现小学英语课程的内容，在一定程度上说明了社会和公众对外语学习的认同，也说明在近代探索中国社会发展的过程中，公众对外国语言和文化的态度正发生着变化。

1949年新中国的成立翻开了中国基础教育发展的崭新一页。付克在其著作《中国外语教育史》中谈到，新中国成立后，苏联成为新中国最重要的国际伙伴，为了培养俄语人才，促进社会主义建设，我国的外语教育由英语学习为主转向俄语学习为主。新中国成立以后至20世纪60年代，基础教育阶段英语教学经历了从停顿到初步恢复的曲折发展过程。1950年8月，教育部颁布的《中学暂行教学计划（草案）》明确规定，初中每周外语课为3课时。该教学计划对外语教学内容的要求是："初中和高中均须设立一种，如有条件（如师资、教材等）宜设置俄语，但已授英语之班级，仍应继续教授英语。"这是教育部正式颁布的文件中首次明确提出外语教学以俄语为主。①加上受到1957年反右斗争和1958年"大跃进"等政治运动的影响，我国基础教育阶段的英语教学未能沿着正常的轨道稳步地发展。②

20世纪60年代初期中苏关系开始恶化，中国在外交领域寻求突破美苏"冷战"的格局，对于多语种翻译尤其是英语翻译的需求不断增加。在这一背景下，教育部要求加强英语等外语人才的培养，以解决外语人才严重短缺的问题。1962年，教育部就小学开设外语课的有关问题，提出了具体意见，同意在试验新学制的五年一贯制小学的四、五年级开设外国语课，个别基础较好的六年制小学如有外国语教师，也可以在五、六年级开设外国语课。1963年，在全面总结外语教学和教材编辑的历史经验的基础上，教育部颁发了《全日制中学英语教学大纲（草案）》。尽管这一教学大纲是针对中学英语教育的，但对于小学英语教育的发展无疑具有一定的参考价值。1964年，为了从根本上改变长期以来外语教育领域"俄语一边倒"的局面，中共中央、国务院批准了《外语教育七年规划纲要》，首次提出英语为学校教育的第一外语，并强调在大力发展数量、调整语种比例的同时，要保证教学质量等。北京、上海等一些外语教育基础好的城

---

①② 李良佑等编著:《中国英语教学史》，上海外语教育出版社1988年版，第325、330—331页。

市，开始探索促进外语教育发展的做法。

改革开放政策极大地推动了我国教育现代化建设的发展。1978年8月召开了全国外语教育座谈会。1979年3月29日，教育部印发了《加强外语教育的几点意见》。该意见指出小学外语教学应该“一律由省、市、自治区教育行政部门做出规划，统一掌握”，同时“编选出版一批相对稳定的大、中、小学外语教材”。这些建议为“文革”后外语教育的恢复指引了方向，促进了教材的建设和教学大纲的制定等各项工作的开展。同年，教育部颁布了《全日制十年制中小学英语教学大纲（试行草案）》。其中小学课程大纲要求开设英语科目，并明确地阐述了教学目标和要求，以及所有学校在不同阶段的教学内容和课时。该大纲规定，“英语教学从小学三年级开始”，并要求在三年级安排152课时，四年级136课时，五年级136课时。人民教育出版社据此编写了全国通用的小学英语教材。这套小学英语教材共6册，每周教学4课时，供小学三至五年级使用。1982年，人民教育出版社又根据教育部修订的《全日制五年制小学教学计划》（外语改为选修，在小学四、五年级开设，每周3课时），编订了《小学课本英语》（共4册），供五年制小学的四年级和五年级或六年制小学的五年级和六年级使用。自此，全国部分重点小学及大中城市有条件的小学都开设了英语课。

为了总结我国中小学恢复外语课程以来基础外语教育所取得的经验和教训，进一步促进我国外语教育的发展，1982年在北京召开了全国中学外语教育工作会议。会议根据新中国成立以来外语教育的发展经验，提出了《关于加强中学外语教育的意见》。尽管这是就中学外语教育工作召开的全国性会议，但对以后小学英语教育的发展具有深刻的影响。特别是，《关于加强中学外语教育的意见》提出了建立一支合格的师资队伍、加强教材建设等内容。自此，英语逐步成为学校课程体系中的核心课程。

改革开放后，学校对英语教学水平的要求越来越高，许多人认为，提高基础英语教育的水平必须从小学开始。20世纪80年代后期，越来越多的小学自发地开设了英语课。在这种背景下，中国外语教学研究会在天津市召开了第一次小学英语教学研讨会。1991年5月，人民教育出版社制订了《小学英语教学与教材编写纲要》，并与新加坡泛太平洋出版有限公司合作编写了小学英语教材，这套教材被大多数开设英语的小学使用。这为全国范围内广泛开设小学英语教育奠定了重要的基础。随后，小学英语课程的开设越来越受到各地政府部门的重视，其开设面也越来越广。截至1998年，已有27个省、自治区、直辖市开设了小学英语课程。虽然国家未对小学英语教学做统一要求，但各地区教育部门在20世纪80年代均成立了小学英语教研室来管理小学英语课程的实施。1992年以后，中国教育学会外语教学专业委员会每两年召开一次小学英语教学研讨会，并进行有关小学英语课程开设情况的全国性调查。至20世纪末，全国已有30个省份开设小学英语课，学生人数近一千万。①

同时，一批以中小学师生为受众的外语报刊出版，大大弥补了当时小学英语教师课程资源稀缺的窘境，包括《中小学外语教学》《中小学英语教学与研究》《中学英语园地》《中小学外语（英语版）》《中学生英语》《英语画刊（初中版）》等。此外，权威的英语教学刊物《中小学外语教学》和《中小学英语教学与研究》都在20世纪90年代初开辟了小学英语教学研究专栏，这些刊物有力推动了小学英语教学的理论研究。

面对社会信息化、经济全球化的挑战，英语教育在中小学课程中的重

---

① 刘道义主编:《基础外语教育发展报告（1978—2008）》，上海外语教育出版社2008年版，第9—18、109、542—543页。

要地位日益凸显。2001年开始的新一轮课程改革提出要在小学阶段全面实施英语课程。为了进一步落实教育要“面向现代化、面向世界、面向未来”的指导思想，教育部决定，把在小学开设英语课程作为21世纪初基础教育课程改革的重要内容。

第一节
小学英语课程理念研究

英语课程理念即对英语教育诸问题的看法，包括英语教育的性质、课程目标和任务、教学方法、课程内容以及评价方式。课程理念的背后体现的是英语教育的目的观、任务观、教材观、内容观、教学观、测试观等。课程理念促成了一种心理定势，像一只无形的手左右着教师的教学行为。

一、社会整体教育环境在对待小学英语课程上，经历了从忽视、轻视转向重视、分化的过程

新中国成立以来，教育部门在对待包括小学英语在内的英语教育学科的认识上，经历了从忽视英语课程逐渐到重视的过程。新中国成立初期，教育界很多人针对1952年颁布的《中学暂行规程（草案）》发表文章，认为在中小学开展英语教学，会腐蚀学生的信念，危害社会主义建设，主张在中小学全面取消英语教学。在这种舆论压力下，教育部决定1954年秋季在初中暂时不开设外语。同时，受1957年的“反右”斗争和1958年的“大跃进”“教育大革命”以及20世纪60—70年代的“文化大革命”等一系列政治运动的影响，中小学的英语教学数度停顿。

1978年以后，随着对外交流日益频繁，人们越来越意识到英语的重要性，英语教育的地位才逐步得到恢复。以上海为例，1978年，教育部

出台的《全日制十年制中小学教学计划试行草案》《全日制十年制中小学教学大纲（试行草案）》，明确要求学生从小学开始学习外语，条件不具备的学校，外语学习从初中开始。1978年，教育部召开全国外语教育座谈会。1979年，教育部印发了《加强外语教育的几点意见》，提出中小学应当把语文、数学和英语作为最重要的三门课。这样，长时间遭到冷落的英语教育得到了重视，小学英语教育逐渐回归。随着改革开放的不断深入，我国英语教育低龄化趋势日益明显。2001年《教育部关于积极推进小学开设英语课程的指导意见》颁布。从2001年秋季开始，全国城市和县城小学逐步开设英语课程。2002年秋季，全国乡镇小学逐步开设英语课程。

进入21世纪以来，北京、上海等大城市从小学一年级至高中都开设了英语课。截至2003年下半年，上海市已经有58所中小学在开设英语之外，还开设了第二外语。正如丁刚在其研究中所强调的，20世纪90年代教育发展中心的转移，应该说是借鉴国外教育理论与发展经验，结合本国实际进行民族性变革的重要举措。尽管从20世纪80年代以来，小学英语教育的发展驶入了快车道，课程理念不断更新、教材建设日益多样化、小学英语课堂教学方法不断创新，教育手段也日趋科技化、现代化。但是，对于小学英语课程理念，特别是当前普遍的超前化课程开展的必要性、可行性和可能产生的影响，都存在一定的争论。如何在融入世界潮流的过程中，探索与中国教育发展现状相适应的、具有中国特色的小学英语教育，仍然是当前小学英语课程理念中的核心问题。

二、小学英语教学的理论基础仍然存在争论，直接影响了小学英语课程政策的实施效果

自20世纪80年代以来，我国英语教育逐渐恢复，英语教学的低龄化被认为是合理的。许多学者认为英语学习越早越好，但也有不少人对英语教育低龄化持怀疑态度。刘润清、诗桂春等学者借鉴了伦内伯格提出的“语言学习关键期假说”以及乔姆斯基的“先天语言获得机制”（LAD），提出中国儿童学习英语的最佳年龄大约在9岁左右，因为这个阶段儿童模仿力较强且语言学习障碍较少。同时，也有不少中国学者以斯科维尔的研究为依据，强调了英语学习低龄化的必要性。但是，“语言关键期假说”并非英美等国家研究者为将英语作为外语的儿童设计的学习方案，而是一套英语作为母语的学习方案。一些学者有意无意地将其应用到二语习得的研究中，从而混淆了“第二语言学习”和“（母语）语言习得”这两个不同的概念。儿童早期母语语言习得是一种本能的、无意识的学习行为，而儿童第二语言、外语的学习却是一种有意识有目的，甚至可以是一种被动的学习行为。范宏雅指出，我国的英语作为外语的教学与国外的英语作为第二语言的教学是有区别的，我国目前缺少的是自然的或双语制的学习环境。在有些国家第二语言可能是官方语言的一种（如英语、法语在加拿大的语言地位，英语在印度、新加坡的地位）。在这些国家中，英语在日常生活中的频繁出现为学习者提供了一个比较真实和自然的语言环境。就我国的语言环境而言，英语不具有第二官方语言的地位。仅仅在经济发展较快的北京、上海、深圳和其他一些沿海城市和地区，家庭所提供的教育资源和学校英语教师师资水平，已经接近英语作为第二语言的学习环境。但对于全国大部分地区来说，

缺乏在小学阶段开设英语的师资保障，更缺少相应的英语学习环境。

三、对小学英语教育的认识从工具性向文化性转化

英语课程建设是一个系统工程，不仅涉及英语教学目标、英语教学内容、英语教学要求等，更重要的是对英语课程性质的科学理解。这种理解就是不同时代背景下英语教育研究者、实践者头脑中的课程理念。课程理念的演变深刻地体现了人们对英语课程的认识。英语课程是一门关于语言的教与学的课程，如何教语言必然要涉及人们对语言本质的看法。我国中小学的英语课程理论很大程度上受到语言观的影响，对语言本质的不同认识形成了不同的英语教育观，不同的语言观对英语教学的实践产生着不同的影响。

新中国成立以前，影响较大的英语教学方法是语法翻译法。田式国指出，语法翻译法（grammar-translation methods）是一种以语法讲解加翻译练习为主的外语教学方法，其理论基础来自于康德的理性主义哲学及官能心理学。[①]它注重在外语教学里创建翻译的教学形式，特别是利用语法培养学生的逻辑思维能力及阅读能力，提高外语学习的教学效果。作为外语学习的早期探索，语法翻译法有其一定的优势。张丽华指出，语法翻译法比较注重培养学生的阅读能力与翻译能力。同时，在教学中重视语法规则与词汇的记忆，借助母语来辅助教学，翻译既是教学的手段，又是教学的

① 田式国著：《英语教学理论与实践》，高等教育出版社2001年版，第46页。

目的。[1]易彬也认为，作为外语教学中历史最久的一种课程与教学理念，语法翻译法经常通过翻译和比较，使学生比较深刻地理解外语的抽象词义和复杂的句子结构。同时，他指出，新中国成立初期外语教学的条件非常有限，而语法翻译法在教学过程中使用方便，不需要什么教具和设备，只要教师掌握了外语的基本知识，就可以拿着外语课本教外语。同时，传统教育理念特别强调教师的作用，语法翻译法又容易通过集中培训、展示等方式进行经验复制，提升了教师的外语教学水平。这种以外语教师为核心、以外语学习材料为核心的理念，在新中国成立以后相当长时间中被广泛接受。在语法翻译法教学理念的支撑下，我国中小学英语教育界长期把语言看作是一种知识符号体系。对语言本质特征的认识直接影响到英语课程理念，包括对课程概念的理解、教学方法的选择以及教学评价的操作等。在小学英语教育教学实践中，把语言知识的传授作为教学的重点，在教学过程中比较重视语音、词汇和语法等，在评价的过程中主要以词汇的识记、语法的理解为主要考查点。

改革开放以后，我国英语教学界开始接触国外语言教学的最新研究成果。20世纪70年代以来，欧美国家经历了对结构主义语言学的批判与反思，其中包括对语言学大师索绪尔提出的“结构主义语言学”的再思考。而我国接触到的恰恰是那些具有结构主义特色的教材和研究成果。结构主义的课程理念与20世纪以来语法翻译法等课堂教学理念结合在一起，导致了我国在20世纪80—90年代英语课程理念和教学实践中过分地重视词汇和语法。[2]

---

① 张丽华：《论在英语教学中发挥传统语法翻译法的功效》，《教育评论》2003年第5期。

② 李红恩：《论英语课程的文化品格》，西南大学博士学位论文，2012年。

与语法翻译法不同的是，听说法这一以结构主义语言学为理论基础课程理念，强调言语行为是通过刺激与反应的强化而形成的习惯，即第二语言教学要通过大量的模仿和反复操练养成新的语言习惯。以刺激-反应论为依据的听说法在教学中特别强调的内容包括：模仿——教师在课堂教学中给学生示范并引导学生观察和准确地模仿教师，做出准确的反应，这被认为是学生学会英语的重要手段。重复——通过课堂教学过程中的重复操练，大量进行替换、转换、对话等练习，通过背诵对话和课文等，尤其是通过句型练习，使学生能在各种各样的情境中自觉应用各种语言结构，达到不经思索，即可再现的程度。强化——英语教学过程中教师对学生的正确回答做出肯定和鼓励。反复强化的语言训练，会促使学习者形成习惯，这些习惯又通过不同的语境进行强化，从而使学生熟练应用英语。

黄国营主编的《英语教育学》一书梳理了我国英语课程理念的变迁。该书认为，20世纪80年代以来，我国英语教学界在理论上把结构主义语言学和行为主义心理学用于英语教学中，使英语教学法建立在科学的基础上，中小学英语教学实践开始重视学生听说能力的培养。①但是，由于行为主义心理学否认人在认识上的能动作用与智力在外语学习中的作用。这种理论指导下的听说法过分重视机械训练，却忽视基础知识的传授和语用能力的培养。在小学英语课堂上，以句型为纲，其实也就是以语言形式为纲，语言材料的选择往往忽视意义与内容。这导致我国小学生虽然开始学习英语的时间较早，也能够运用句型，却不善于结合情景进行交际。最典型的表现即是常为人诟病的英语问候语的“三字经”：“How do

① 黄国营主编：《英语教育学》，江西教育出版社1997年版，第95页。

you do?”“Fine, thank you”“And you?”这些脱离话语情境下的注入式教学，让学习者看起来极为熟练地掌握了一些句式，实际远离了英语学习的内涵。

四、英语课程理念开始转向“以学习者为中心”

20世纪80年代开始，文化教学在我国的英语教学实践中逐渐开始崭露头角。我国著名学者许国璋首次提出了英语词汇的文化内涵问题。其后，在我国的英语教学实践中，文化因素开始受到越来越多的重视，围绕着文化教学的研究也开始从各个层面展开。英语课程被定义为学习者为了一定的学习目的，在特定环境中体验到的英语学习活动的经验之和。英语课程是学生为完成英语学习任务，在以学校环境为主的环境中体验到的所有英语学习活动的经历和体验。它包括书本知识的学习，也包括活动课程的体验，是教师、学生、教材、环境在不断相互“对话”中产生意义的过程，是课程各要素相互作用，相互影响的一种生态系统。这个定义打破了以往课程就是知识，课程就是教材，课程就是教学大纲的单向性思维模式，凸显了人在这个系统中的价值和作用，使得英语课程的价值取向从单一性的“工具”化取向，转向综合性的“人文”化取向。

21世纪初期，国际语言学界发现，语言教学应该重视学习者在兴趣、爱好、性格、禀赋等方面的差异，甚至重视性别上的差异。以往，语言教学要求学生像演员一样把导演让他们说的话说好。现在，语言教学更重视帮助学习者说出自己想说的话。随着课程领域研究的深入，新的“课程理念”的概念被国内学者所理解。随着新课程改革的深入发展，现代课程理论的推动和对英语学科教学理论的探索，英语课程理念逐渐从“狭义”的课程观念转变为“广义”的课程观念，从注重静态的“教学内容”转变为强调动态的“过程体系”，英语课程概念已经超出了“教学大纲”的概念范畴，具有了更广泛的涵义。

第二节
小学英语课程设置和课程标准（教学大纲）研究

我国小学英语课程标准的发展是一个漫长且艰辛的过程。新中国成立以来，我国曾对中小学课程进行过多次改革或调整，制定过若干教学计划或发布过几个调整教学计划的通知，每次改革或调整都是依据特定的社会背景，出于特定时期的需要，试图解决中小学课程、教学中存在的有关问题。[①]

教学大纲是连接教学理论与教学实践的桥梁，是“语言教育者依据某种教学理论的基本内容和框架，为某一语言课程的教学内容、教学目标、教学过程等方面所做出的设计和规划”[②]。1963年，我国颁布的《全日制中学英语教学大纲（草案）》提到了英语教学目的和要求：“外国语是学习文化科学知识、进行国际交往、促进文化交流、增进与各国人民之间的相互了解的重要工具。……掌握英语对吸取有益于我国社会主义建设的科学技术成果，或者向友好的国家和人民介绍我们的经验，对加强与各国人民之间的联系，团结各国人民对帝国主义作斗争，都会有许多便利。”[③]该大纲在第四部分“教学中应该注意的几点”中，提出四个教学“要点”：要重视基本训练，要妥善安排入门阶段的教学；要注意语音教学和会话训练问

① 钟启泉主编：《课程与教学概论》，华东师范大学出版社2003年版，第179页。

② 程晓堂、龚亚夫：《英语课程标准的理论基础》，《课程·教材·教法》2005年第3期。

③ 中华人民共和国教育部：《全日制中学英语教学大纲（草案）》，1963年。

题；要熟读多练；要加强课外活动①。但总的来说，这一时期的英语教学大纲较为粗糙，带有明显的政治色彩，侧重领袖的语录和工业、农业劳动等基本的词汇翻译。

随着“文革”的结束，基础教育艰难地开始恢复重建。1978年年底《北京日报》刊出文章，号召“努力掌握外国语这个武器，为把我国建设成为伟大的社会主义强国贡献自己的力量”。为了实现党的“十一大”提出的“采取强有力的措施，扩大和加快各级各类教育事业发展的规模与速度，提高教育质量”的号召，教育部制定了统一的教学计划，将恢复基础教育作为一项最紧迫工作来抓。1978年1月，教育部印发了《全日制十年制中小学教学计划（试行草案）》，该教学计划统一规定了全日制小学开设的课程，即语文、数学、外语、政治、自然常识、音乐、体育和美术。《全日制十年制中小学教学计划（试行草案）》的颁布，对迅速扭转“文革”造成的中小学教育的混乱局面，恢复正常的教学秩序和提高教学质量，均起到了极为重要的作用。1980年，教育部颁布了一个全国性的与之配套的《全日制十年制中小学英语教学大纲（试行草案）》。这一文件再次强调了小学三年级至五年级的语音、语法和词汇的教学要求。尽管在后来的实践中，由于大纲所提出的要求和学校的现实存在较大差距而没有完全实施。但是，以上两个政策文件高度强调了英语学科的工具性特征，成为此后十多年促进英语教育发展的重要政策基础。这两个政策文件对教育目标的描述如表1-1所示。

---

① 课程教材研究所编：《20世纪中国中小学课程标准/教学大纲汇编·外国语卷（英语）》，人民教育出版社1999年版，第109—112页。

表1-1　1978年和1980年政策文件中的教学目标

教学大纲	教学目标描述
《全日制十年制中小学教学计划（试行草案）》（1978年颁布）	着重培养学生的阅读能力和自学英语的能力，及一定的听、说、写和译的能力，为其毕业后在三大革命运动中进一步学习与运用英语或进入高校学习打好基础。
《全日制十年制中小学英语教学大纲（试行草案）》（1980年颁布）	对学生进行听、说、读、写、译等各方面的基本训练，一般侧重培养其阅读能力和英语自学的能力，为其进一步学习与运用英语打好基础。

改革开放之初，中小学英语教学大纲的设计也不断吸收社会有识之士对英语教育的建议，包括专家的意见以及来自一线教师的声音。1980年1月，国务院外国专家局的工作简报通报了马海德对外语教学改革问题的意见。马海德认为中国正在为四个现代化而奋斗，为此必须首先搞好外语教学，培养出真正合格的外语人才，这样才能向外国学习。马海德提出，英语教育要创造语言环境，让学生在纯英语的环境中使用英语。他反对将英语教学的重心放在语法练习、单词默写等方面，认为在英语教学中应该广泛使用现代化教学手段。

张传燧指出，教学大纲中的目标更强调“普遍性目标取向”（global object），即将一般教育宗旨或原则，直接运用于课程领域，成为课程领域一般性、规范性的课程目标。20世纪80年代初期刚刚恢复发展的英语教学，就是将教育目标比较直接地转化、安排到教学内容中，这使得当时的英语教学目标具有指令性特点。[①]但这种普遍性目标取向导致的问题也十

① 张传燧主编：《课程与教学论》，人民教育出版社2008年版，第88页。

分明显，例如，教学目标往往从经验、意识形态或社会政治需要出发，目标比较抽象、含糊，不易落实。在上述英语教学大纲中，“培养学生的阅读和自学能力”的表述就不够清晰。阅读能力的培养必须经过长期教学的积累而逐步形成。但是，究竟该采取什么样的措施和行为，如何从小学阶段培养学生的阅读能力等，当时的教学大纲中并没有阐述。这一时期线条简单、内容粗糙的英语教学大纲，也正是处于恢复期的英语教育课程理论缺失的体现。

20世纪80年代初期，随着教育领域拨乱反正的展开，党中央对教育工作做出一系列重大的决策，使我国的教育事业在经历了二十多年的破坏后，走上了蓬勃发展的道路。为了适应社会对英语教学的新需求，1982年，《中小学外语教学》杂志第四期全文刊登了《全日制六年制重点中学英语教学大纲（征求意见稿）》，并组织学习与讨论，广泛征求意见。大纲提出，要加强学生听、说、读、写基本能力的训练，培养学生在口头和书面上初步运用英语的能力，并提出了阶段侧重性原则。1985年5月，邓小平在全国教育工作会议上发表讲话，强调了教育与社会主义建设互相依赖的关系，提出“教育必须为社会主义建设服务，社会主义建设必须依靠教育”①，为基础教育发展，包括学科教育的发展指明了方向。1986年，六届全国人大四次会议通过了《中华人民共和国义务教育法》，为基础教育的发展奠定了法制基础。1986年，全国中学外语教育改革座谈会提出了“立足当前，着眼未来；区分层次，分类指导；讲求实效，保证质量”的二十四字外语教育改革方针，以及“分期分批地提高中学外语教学水平”这一总目标。刘道义认为，尽管1986年的这一方针针对的是全国英语教

---

①《邓小平论教育》，人民教育出版社1990年版，第148页。

育的情况，但其中的原则也适用于小学英语教学。教学大纲的分级要求更加适合当时我国基础教育英语教学的现实情况。国家教委于1988年颁布了《义务教育全日制小学、初级中学教学计划（试行草案）》（以下简称《试行草案》）。《试行草案》贯彻了三个面向的精神，遵循儿童身心发展的规律，并结合我国教育与社会发展的实际，突出了基础性、全面性、时代性和人文性，对课程与教材的发展起到了积极的推动作用。靳玉乐等认为，这一草案确立了科学、明确的培养目标体系，而科学、明确的培养目标对于课程编制、课程评价及教育教学实践都具有重大意义。同时，草案也使课程的统一性、灵活性和多样性进一步结合起来。在坚持统一性的基础上，既增强了课程的弹性，又体现出它的灵活性与多样性。①此外，它也使课程结构与学科比重更加合理。

刘道义认为，1988年颁布的《九年制义务教育全日制初级中学英语教学大纲（初审稿）》的意义更为突出。②它从根本上改变了传统的结构性大纲形式，吸收了“功能法”的思想，把语言功能放在了首要的地位，从而保证了语言基本功能的发挥，成为义务教育英语教学大纲的一大特色。易斌也指出，1988年的中学英语教学大纲将课程目标定位于“行为性目标取向”，不仅强调学生知识的获得，也强调基本技能的培养。它克服了普遍性目标模糊性的缺陷，具有精确性、具体性和可操作性。因此，大纲后附有《功能意念项目简表》，且把它放在了《语音项目表》《词汇表》及《语法项目表》之前，以突出它的重要性。简表中共列出了各功能及意念项目，并在每个项目下都列出了一些最基本的英语句型。此外，大

① 靳玉乐、王牧华：《新中国中小学课程教材建设五十年》，《西南师范大学学报（人文社会科学版）》2000年第11期。

② 刘道义：《义务教育初中英语教学大纲浅谈》，《天津教育》，1990年第2期。

纲在“教学要求”部分中提出，学生要能使用《功能意念项目简表》中的表达法进行简单的交谈。大纲还在“教学中应该注意的几个问题”中的第二项中提出要根据学生的实际编写各种有助于广泛开展交际活动的材料，以求达到教学目的。总之，进入20世纪90年代，英语教学大纲不仅强调基础知识如语音、词汇和语法等的教学，还注重语言功能及其意念的教学。尤其是，通过训练使学生学会运用语言，达到交际的目的。[①]这一时期的教学大纲体现了对英语语言知识结构的重视；强调让学生通过大量的朗读和模仿练习逐步掌握英语的发音规则以及语音、语调；注重培养学生通过大量的单词拼写让学生初步掌握英语的拼写规则和构词方式；强调通过大量的句型练习让学生掌握基本的英语语法规则。

一、对课程目标的研究

正如钟启泉指出的，课程目标是每一次课程改革的逻辑起点，我们不可能，也不应该在不知道或不明白“为什么而教”“为什么而学”的情况下就决定“教什么”“学什么”或“如何去教”“如何去学”。[②]吕立杰强调，课程目标是基于课程学习价值的认识，但是课程目标能否在整个课程活动中起到核心指导作用，在很大程度上取决于课程目标本身的适切性与科学性。[③]课程与教学目标的价值取向是指在一定教育价值观指导下，人

① 易斌：《改革开放30年中国基础教育英语课程变革研究（1978—2008）》，湖南师范大学博士学位论文，2010年。

② 钟启泉主编：《课程论》，教育科学出版社2007年版，第107页。

③ 吕立杰著：《国家课程设计过程研究：以我国基础教育“新课程”设计为个案》，教育科学出版社2008年版，第104页。

们对课程与教学目标的价值追求。还有学者指出，课程目标是指课程本身要实现的具体目标，是期望一定教育阶段的学生在发展品德、智力、体质等方面达到的程度。[①]课程目标的特点主要有：（1）整体性。各类目标彼此关联，并非彼此孤立。（2）连续性。较高年级的目标总是较低年级目标的继续发展和深化。（3）层次性。技能和情感的目标需要在知识的基础上培养和形成，知识的记忆比其理解低一个层次，知识的应用比其理解高一个层次。（4）积累性。没有低年级目标的积累，就难以到达高年级的目标。课程目标受教育目的以及培养目标的制约和影响，是人们对于某一阶段课程与教学预期的结果。杨成孝认为，"综合语言运用能力"比"运用语言交际的能力"含义更为深刻，前者是应用英语做事的能力，而后者仅是沟通的能力。课程标准指出，小学阶段的课程目的是激发学生学习英语的兴趣，培养学生学习英语的积极态度，并且使他们初步建立学习英语的自信心；一定程度上培养学生的语感和良好的语音、语调基础，并使他们可以初步使用英语进行简单的日常交流，为进一步学习打下基础。傅小平认为，小学英语的课程目标应从素质教育出发，教学的重点应放在培养学生用英语进行交流的能力和兴趣上，体现出以人为本，尤其是以人的持续发展为本的素质教育思想。从这一见解也可看出，中国的英语课程改革注重"学生本位"，是以提高学生自身能力为基本出发点的。

1993年，教育部出台了《小学英语教学与教材编写纲要》（以下简称《编写纲要》），明确提出了小学英语的教学目的、教学要求、教学内容以及教材编写和教学中应该注意的问题。它指出，小学英语教学的目的是激发学生学习英语的兴趣，使学生敢于大胆开口，打下较好的语音和书写基

① 顾明远主编：《教育大辞典》（增订合编本），上海教育出版社1998年版，第898页。

础，养成良好的学习习惯，为进一步学习英语奠定初步的基础。

《编写纲要》有以下几个特点。其一是在广泛调研的基础上，结合儿童心理、生理及年龄特点和国内外先进的语言教学理论，强调改进教学方法，吸取直接法、听说法、交际法、全身动作反应法等教法的精华，激发学生的学习兴趣和调动他们的积极性和求知欲。兴趣是引发内因动机的引信，有了兴趣就有利于调动学生深入学习的动机。因此，兴趣是小学生学好英语的关键所在。编写教材和进行教学都必须最大限度地为学生提供尽可能多的机会，利用会话、唱歌、游戏、朗诵、猜谜、绕口令等激发学生的学习兴趣，使学生能够在比较轻松愉快的气氛中学习并能初步运用所学的语言。由此才能使他们产生持久的兴趣而愿意继续学习，同时培养语言能力、提高素质。其二，《编写纲要》吸收了功能法的思想，重视小学生的兴趣和需要，重视反映英语在社会中的作用。《编写纲要》的目的、要求和内容都紧密地围绕学生的实际需要，充分考虑学生的特点，突出实践性、交际性，最大限度地为学生提供更多的实践机会，使学生能够“学以致用”，以促进语言的学习与巩固。其三，《编写纲要》明确提出了对语音的要求。语音是语言教学的基础，《编写纲要》明确提出了在小学要“打下较好的语音基础”，把英语发音视为小学启蒙阶段的首要任务，把音标学习明确纳入教学要求和教学内容之中。这就为衔接初中学习，继续培养语言运用能力作了准备。语音教学是整个英语教学的起始，是至关重要的第一关。俗话说“先入为主”，如果读音不准甚至读错，会严重影响教与学的进度，影响记忆单词、朗读课文，以及听、说、读、写四项技能的发展。一旦养成错误的发音习惯，便难以纠正。因此《编写纲要》十分重视打好语音基础。其四，《编写纲要》考虑到我国各地小学英语教学发展不平衡及师资水平参差不齐的情况，考虑了学习者的年龄特点、身心发展速度、接受程度，强调了小学英语的基础与能力的培养。

为了体现《编写纲要》的精神，新编的小学英语教科书配套齐全。每册书均有学生用书、课堂练习册（含抄写本）、教师教学用书、教学挂图、录音带、字母与音标卡片、四会单词图片、简笔画、投影片或幻灯片、多媒体光盘及参考书等十多种配套材料。新编小学英语教科书衔接九年义务教育三、四年制初级中学教科书英语第一册课本的前8个单元，也就是说，初中入学时从第9单元开始学起。当然在刚开始的教学中，中学教师免不了要用1—2节课复习前面所学的内容，以便掌握进度。这是必要的，但并不是"再从头教起"。小学阶段解决了字母和音标教学，又学会了一定量的日常生活中常用的表达方式和少量的词汇，为初中进一步学习奠定了基础。就某种程度来说，小学学习英语为中学学习做了能力衔接的准备和心理准备。

二、关于英语课程标准的定位

2001年，教育部颁布《全日制义务教育普通高级中学英语课程标准（实验稿）》（以下简称《课程标准》）。《课程标准》规定了英语教学的目标是提高学生的综合能力。这种能力的培养必须考虑学生语言能力与知识、情感态度、价值观、学习策略以及文化意识的全面发展。《课程标准》的重要内容之一是将学生的语言能力分为9级。例如，如果从三年级开始学英语，那么四年级应该达到1级要求，六年级应该达到2级要求。但是，如果一些地区的学校无法在小学教授英语，那么1级和2级就不应该是这些地区的目标。另外，如果一些小学一年级教授英语，那么这些地区的学生应该在六年级时超过2级水平。这种对小学英语教学的要求依据的是新课改的实施方案，即新课程在实施过程中分三个管理层级进行。第一个管理层级是国家级课程，学校的核心课程在目标、课时以及评价等方面有着相同的要求。第二个管理层级是地方性课程，地方教育行政部门可以根据当地情况安排课程。第三个管理层级是校本课程，学校可以自行决定增加教学内容。

韩宝成指出，尽管《课程标准》确定的中小学英语课程内容体现了全覆盖的特征，但是，课程标准所涵盖的五个方面——语言技能、语言知识、情感态度、学习策略和文化意识，以分级描述的方式提出了相应的内容标准。其突出的进步是首次把情感态度、学习策略、文化意识这些非语言内容纳入外语教学之中。但从对五个维度的描述次序和表达方式上看，2001年以来颁布的课程标准中，语言技能和语言知识仍是我国中小学英语教学的核心。

第三节
小学英语课程资源研究

在我国基础教育课程体系中，英语课程以开阔学生的国际视野、培养学生的语言意识为目的，是素质教育的重要组成部分。英语学习不同于汉语或其他以汉语为表达方式的学科。它是一门独立的语言，具备独立的语法体系、文体结构和独有的词汇群。这一特点就决定了，除了教科书以外，其课程资源的来源具有稀缺性和差异性。新课程改革的推进使“课程资源”的概念深入人心，这就使越来越多的教师认识到，小学英语课程实施的水平在一定程度上取决于英语课程资源开发与利用的效果。

《全日制义务教育普通高级中学英语课程标准（实验稿）》（以下简称《课程标准》）提出了“开发课程资源，拓宽学用渠道”的基本理念。同时，它进一步提出：“英语教学的特点之一是要使学生尽可能多地从不同渠道、以不同形式接触和学习英语。亲身感受和直接体验语言及语言运用。因此，在英语教学中，除了合理有效地使用教科书以外，还应该积极利用其他课程资源，特别是广播影视节目、录音、录像资料、直观教具和实物、多媒体光盘资料、各种形式的网络资源、报刊杂志等。”这与《基础教育课程改革纲要（试行）》提出的“积极开发并合理利用校内外各种课程资源”的新理念相辅相成。同时，《课程标准》的教学建议里也提出，教师要扩宽学生学习和运用英语的渠道，充分利用现代教育技术，合理开发教学资源，积极拓宽学生学习渠道，改进学生学习方式，以提高教与学的效果。并且，《课程标准》对课程资源的开发与利用设有专门的章节进行讲解，可见开发与利用课程资源对于英语教学是十分重要的。

《课程标准》将开发英语课程资源放在如此重要的位置，其背后是有深刻意义的。《课程标准》倡导教师课程教学观念的转变，引导教师从过去依靠教材教学转变为依靠多种资源教学，改变过去英语课堂上的语言素材仅从教材中来的局面，将英语课程资源的大门推开，运用多种课程资源丰富语言教学的课堂。课程资源的利用强调的是当学习者学习合理难度的语言材料，才能对其语言发展产生积极的作用。如果语言材料中仅仅包含学习者已经掌握的知识或者语言材料过难，对语言习得都没有意义。语言输入的作用就是激活大脑中的习得机制，而课程资源是激活习得机制的一个极为重要的因素。《课程标准》强调了课程资源的开发、利用和管理的重要性，指出“合理开发和积极利用课程资源是有效实施英语课程的重要保证”，“合理开发、积极利用和有效管理各种课程资源是提高教学质量的重要基础。”《基础教育课程改革纲要（试行）》也提出，要积极开发并合理利用校内外各种课程资源的新理念。唐丽芳和马云鹏在新课程改革开始之际，在全国范围内访谈大量一线教师并观察课堂上的实际情况，进行了新课程实施情况的调查。研究发现，包括小学英语学科在内，学科课程改革中最大的挑战来自于课程资源的缺乏。[①]如何开发与利用课程资源成为摆在教育专家和一线教师面前的难题。

在开发途径方面，程晓堂指出，目前这个阶段小学英语课程资源的开发主要是因地制宜地开发一些辅助性资源，如建立以学校为单位的英语图书室、阅览室、视听中心等，有条件的学校要积极开发网络课程资源。鼓励和支持教师、学生积极参与到课程资源开发中来，并且在课程资源的开

---

① 唐丽芳、马云鹏：《新课程实施情况调查：问题与障碍》，《教育理论与实践》2002年第7期。

发和利用前要充分考虑当地的经济水平。[①]还有研究者提出，应重视动态生成的资源开发与利用，加强文学作品资源的开发，重视教室环境资源和校园环境资源的开发。

在开发原则方面，李丽生提出在新课程实施中，课程资源的开发与利用首先应遵循教材最基本、教师最重要的原则。[②]在此基础上，有研究者认为，开发英语课程资源要注意以下几点。一是要有开放的眼光；二是精选对学生终身发展意义重大的英语课程资源；三是尽量开发与利用那些经费开支不大又能激发学生兴趣的英语课程资源；四是针对本校实际情况，使课程资源与英语教师教育教学水平相适应；五是明确英语学科特性，展示教师风格。

在开发策略方面，在小学英语课程资源开发与利用中要注意开发多层次、多类型的英语课程资源，满足不同层次的需求，对现有课程资源要充分利用、杜绝课程资源闲置现象，不断对课程资源进行更新和补充。

在开发内容方面，不同的研究者根据自己的研究主题提出了不同的看法。高新芝提出，要对学生资源、教师资源、教材资源、校内其他课程资源和校外课程资源进行开发。舒丽萍建议利用英文歌曲、报刊、影视、文学作品、网络资源等来辅助英语教学。

---

① 程晓堂:《小学英语课程资源的开发与利用》,《教育实践与研究》2002年第5期。

② 李丽生等编著:《英语新课程改革理论与实践》，云南大学出版社2005年版。

第四节
小学英语课程研究的最新进展

一、多样化小学英语课程机制的探索

为了培养高水平的外语人员以满足国际交流的需要，教育部在1961年和1963年分别发布了两份关于在全国建立外语学校的文件，以探索国家支持下的英语教育机制改革。20世纪60年代，在北京设立了北京外国语学院附属外国语学校和北京外国语学校。到1966年，全国共有11所外语学校，上海、长春、南京、重庆、武汉、天津、杭州、广州、西安各一所，以及北京两所。随着招生工作的开展以及学校发展的需要，这些外语学校逐渐将教学扩展到小学阶段。自1978年以来，全国各地的外语学校数量成倍增加。全国外国语学校现有60多所，大部分是公立学校。这些学校中设立的小学部使学生可以在12年的语言课程学习中保持连续性，其课程具有丰富性和可选择性。这些学校还开设了“小语种”课程，包括日语、法语、德语、俄语、西班牙语、韩语、阿拉伯语和意大利语。

20世纪90年代初出现了民办学校。民办学校的学费高昂，然而，一些父母仍然愿意支付更多费用将孩子送到这些学校，以获得更好的教育机会。在许多方面，这些学校的功能与外语学校相同，尽管它们可能有不同的名称，例如“实验学校”“双语学校”或“国际学校”。一些国际学校或班级采用A-Level课程和AP课程。因此，这些学校的中国学生可以在不出国的情况下接触到海外教育资源。

二、关于小学英语课实施状况的研究

从2002年秋季开始，英语课程逐步在全国城镇和农村地区开设，不同地区根据本地实际情况设计了针对性的目标和步骤。同时，教育部还发布了小学英语教学的基本要求。从我国小学英语课程的发展历史来看，小学英语课程在发达地区的已经开展了很长时间，但由于没有具体评价标准和要求，是否达标无法很好地判定。在课程实施层面，目前多数研究从小学英语课程设置、课程政策、课程资源、课堂教学、课程实施的监控等方面揭示了小学英语课程实施的状况，提供了课程实施水平的一般性结论。但小学英语课程实施情况在教师的教学上是如何表现的，这些研究难以给出系统而有说服力的证据。教学与标准的一致性研究相对更有针对性，然而，这一类研究的观点也存在不一致，难以据此得出有力的判断。许多研究显示，新课程改革以来，教师的理念和教学方式有巨大的变革，教师对新课程持支持态度，课堂教学行为也较大程度体现了《全日制义务教育普通高级中学英语课程标准（实验稿）》的要求，总体上教师对新课程具有一定的适应性。但也有研究认为，教研员和教师在教材提供的贴近实际生活的丰富素材中较难把握住他们期待的、明确的‘知识点’；教师不容易辨别‘真实的语言运用’与‘词汇或句型的操练’，以及二者在教学中的关系；教师尚不能确认‘在语言运用中学习语言’的教学效果优于单词、语法操练的实际效果，也不能确认在大班教学中实践‘语言真实运用’的方法和可行性；英语测验中注重单项知识检测的纸笔测试使教师在实施改革后又回到知识讲授与操练的老路上去。①英语新课程实施的状况如何，小学英语课程与教学到底有哪些方面的发展，限制英语新课程实施的因素有哪些，都需要进行进一步的研究和论证。

在小学英语课程实施的研究中，相关研究者也提出了他们的观点。研究者普遍认为，影响课程实施的因素很多，但教师是课程实施的核心因素。除此之外，课程方案本身的复杂性、质量和实用性，校长、社区和家长等同样是课程实施的重要影响因素。也有研究者从学生因素（学生的学习动机与兴趣）、教师因素（师资队伍建设）、教材因素和外部因素（教学设施和行政部门的参与和管理）研究小学英语课程实施的影响因素。卢立涛在《小学英语课程实施的个案研究》和《专家与新手教师在小学英语课程实施中的异同及相关建议》中，从教师知觉课程、教师运作课程和学生经验课程三个层面比较和分析了专家教师与新手教师在课堂教学中的差异，以及教师因素在小学英语课程实施中的作用。张释元从学校改革的历史、学校文化、对新课程的认识，以及课程实施的外部支持力量等方面分析课程实施的影响因素。还有研究者主要从教师和学生的因素分析他们对小学英语课程实施的影响。总的来说这些研究中，有些强调从家庭、学生和教师三个因素研究其对小学英语课程实施的影响，有些则从教师因素（教学观念、教师素质、专业发展状况）、学生因素（兴趣、动机、投入时间和学习成效的两极分化）、课程实施的保障条件研究影响农村小学英语课程实施的因素。课程实施的因素包含课程本身的特征、学校层面的原因（尤其是学校管理和学校文化因素）、教师、地区的课程政策与资源，

① 易斌：《改革开放30年中国基础教育英语课程变革研究（1978—2008）》，湖南师范大学博士学位论文，2010年。

以及社区和家长等。从已有的研究来看，在不同的课程实施阶段，影响因素的作用程度不同。在课程的采纳阶段，地方政府和学校的影响比较大；在执行阶段，方案本身的质量、学校的管理、教师培训、教师文化、教师个人等因素的影响比较大；而在课程实施的制度化阶段，教师的培训和教师的适应程度，以及家长的期望等因素影响比较大。

但是，目前对于英语课程的研究多停留在实践层面、技术层面以及分析层面上，这使得对英语课程研究视野变得比较狭隘。由于学术传统、研究者的学术背景和专业素质等原因，我国英语教育界存在着宏观的教育理论研究与微观的学科教育研究相脱节的现象。一方面，宏观的课程论、教学论等方面的研究成果难以深入到英语学科教育的研究中；另一方面，英语学科教育的研究又难以摆脱学科教育的藩篱，往往在比较狭隘的学科视野中研究学科教育。比如，虽然教材的形式发生了变化，内容也更加丰富，但是教材的编订基本还是以语言知识为核心来架构的，其实质没有发生改变，因此，这种变革只能算是一种改良。另外，为了改变传统的灌输式的英语教学方法，提高学生的英语运用能力，大力提倡交际教学法和任务教学法。这些新的教学方法在为我国的英语教学带来巨大变化的同时，也暴露出很多问题。所以，仅仅局限于局部的修补，缺乏对英语课程本质的深刻理解，不能从整体上改变英语教育的现状，不能真正使英语教育脱离困境。

第二章

小学英语教材研究

编写适合中国人学习的英语教材，是新中国成立以后我国英语教育研究者和实践者共同努力的目标。以人民教育出版社为核心的英语教科书出版的四个阶段充分体现了新中国成立以后英语教材的出版过程，从中也可以看出我国基础教育阶段英语教材的发展变化。

第一个阶段是新中国成立后至改革开放之前，这是我国自行编写中小学英语教材的开端。1960年冬，教育部为编写十年制中学教材，从北京外国语大学抽调了应曼蓉、唐钧，从上海外国语学院抽调了吴道存等专家参加教材编写工作。专家在编写英语教材之前，经过大量的调查研究，总结了我国六十年英语教学与教材编写的经验。经过在学校试教，到1961年完成了十年制初、高中英语五册课本的编写，1963年又完成了新十二年制初中英语六册课本的编写，并在1966年前全部出版发行，供全国中学使用。“文化大革命”期间，全国各地中小学一度采用自编教材，但是，这些教材整体水平并不高。这个阶段由于社会的封闭和对语言教育的进展了解不多，小学英语教科书继承了20世纪初期以来语法翻译法的经验，并将其作为教科书的指导思想。其主要特点包括：(1) 强调掌握书面语言的重要性，主要以培养阅读和翻译能力为目标，对语音和口语不够重视；(2) 先讲授语法规则，后举例并译成母语；(3) 不提倡用外语作为教学手段，课堂上较少用外语讲授或交流对话；(4) 课堂上阅读量少，教师通常会详细分析课文和语法结构，进行翻译并要求学生反复朗读、背诵；（5）强调作业、测验等书面练习，目的主要是为了熟悉和应用语法的规则。

第二个阶段是改革开放以后到20世纪80年代末，这是以结构主义语言教学理论为基础编制通用中小学英语教材的阶段。1978年，全国中小学教材编写工作会议英语编写组编订了《全日制十年制中小学英语教学大纲（试行草案）》，并且编写了小学英语课本六册、初中英语课本六册和高中英语课本二册。这是新中国成立以后开始完整编写小学英语教材的标志。根据1978年颁布的《全日制十年制中小学计划（试行草案）》及《全日制十年制中小学英语教学大纲（试行草案）》的精神，人民教育出版社出版了两套英语教材，其中一套便是小学三年级至五年级的小学英语课本试用本。这是"文革"后第一套采用欧美国家二战以后日渐流行的结构主义方法编写的小学英语教材。这套教材的意义在于纠正了不顾外语教学规律的错误倾向，对稳定教学秩序，保证教学质量起到了重要的作用。①这套统编教材一直用到1998年，是新中国成立后使用时间最长的英语教材。这套教材对当代小学英语教材编写影响深远。刘道义分析了这套教材的六个特点。其一是重视英语基础知识的传授和学生运用英语基本技能的训练。例如，课本中的语音教学是以模仿为主，让学生通过朗读字母、单词、句子和课文逐步学习英语的语音和语调；通过大量单词的拼法和读音逐渐记住必要的拼读规则；采用句型训练和语法归纳相结合的方法教学语法。其二是重视语音和口语训练，在小学阶段主要通过句型操练、句型式的对话和含有语法句型的课文来进行。其三是采取句型操练和语法知识归纳相结合的方法，以句型为中心来进行教材的编写。其四是重视模仿、记

① 刘道义：《改革开放30年的中小学英语教材》，《英语教师》2008年第10期。

忆，以便提高语言的准确性；遵循结构主义语言教学理论的“刺激—反应”原则，强调反复模仿、记忆、重复、交谈等实践练习，课本精选句型和词汇，以少而精的原则选编课文。其五是注重中国学生学习英语的特点，并注意英汉语之间的比较，注重继承我国传统的英语教学经验，以及采取针对中国学生学习的英语语音、词汇和语法的教学方法。其六是教材图文并重，利于进行直观教学，以有利于英语听说实践，并吸引学生的注意力和兴趣。尽管这套小学英语教材还存在一些问题，例如，过于强调语言知识和句型操练，缺乏对学生生理和心理发展特征的研究，缺少生动活泼的、有交际意义的、有助于发展能力的语言材料等。但其最大的贡献在于，这是新中国成立以来，我国主动参照国际语言教育的发展趋势进行小学教材编制的重大尝试。

第三个阶段是20世纪90年代初至今，这是多样化发展阶段。英语教学开始强调学生运用语言进行交流的能力，这个阶段几十套不同版本的小学英语教材通过了全国中小学教材审定委员会的审定。这些小学英语教材，大致可以分为三种类型：一是我国英语教育研究者和实践者根据我国英语教育情况编写的教材；二是从国外引进后加以改编的教材；三是由中国和国外作者合作编写或者由中国作者编撰，再由外国专家最终审核的教材。20世纪90年代出版的教材体现了一些共同的特征：（1）充分重视学生的发展，注意提高学生的全面发展；（2）采取功能、结构、话题及“任务型”活动途径相结合的教学方法；（3）充分重视以学生为主体，促进学生学习方式的变革；（4）注重学科融合；（5）系列配套增强了教材的选择性、拓展性、灵活性和开放性；（6）增加了评价机制；（7）教材的版式设计质量有了明显的提高。教材版本增多也带来了一些问题，这些教材的教学内容和语言现象出现的次序以及活动设计各不相同，比如词汇选择和顺序并不统一。这就导致了有的教材非常简单，要求的词汇数量和教学内容很少，而有的却很难，要求的词汇数量很多。例如，目前国内三套广泛使用的教材在词汇的数量上各不相同。这意味着，如果在同一个城市或省份使用两套或三套不同教材，学生在小学毕业时的词汇量是不同的。但是，这个阶段的教材有了大量可供选择的教材配套资源，课本不再是唯一的教学资源，这在一定程度上为教师和学生提供了更多地发挥创造性的机会和空间。

第一节
小学英语教材编制研究

20世纪90年代初，英语学科已受到空前的重视，小学开设英语课的趋势越来越明显。1990年，人民教育出版社根据国家教委《九年义务教育全日制小学、初级中学课程计划（试行）》的精神，制订了《小学英语教学与教材编写纲要》。根据这个编写纲要，人民教育出版社与新加坡泛太平洋出版有限公司合作编写了《九年义务教育小学教科书英语（实验本）》，供五年制小学四、五年级或六年制五、六年级用。这是系列配套教材，以学生课本为主，配有课堂练习、教师用书、录音带、音标卡片与字母卡片、教学挂图、单词教学图片和投影片等辅助材料。

人民教育出版社2012年修订的《义务教育教科书·英语》，在整体的框架上和具体的语言学习的材料上，突破了新中国成立以来教材编写中以翻译法和结构法为指导思想的特点，具有了明显的功能法为指导的特点。其一，在语言能力的培养方面，教材汲取了20世纪90年代教科书的优点，听说读写并重。其二，每单元的词汇、句子、对话、短文等都配有多媒体资料。在活动手册（PEP Activity Book）中，配合学生用书，每单元的设计以学生用书中"A、B"两个部分的内容为主，训练学生的听说能力。其三，教材将听与读结合起来，充分利用图片提供情境，设计任务活动。同时有许多专门训练口语的板块或综合能力训练的板块，以此开展丰富多彩的口语训练。口语活动类型也兼顾了控制性练习、半控制性练习和非控制性练习三种，并采用结对或小组的方式进行对话、展开任务型问答和话题谈论等。其四，从初中英语教材与小学英语教材的衔接入手，由浅入深、循序渐进。教材从小学阶段的早期认读、拼读、朗读以及阅读对话开始，进而涉及短文的阅读，以及各种题材的语言材料的阅读。其五，小学低年级教材关注了书写方面的训练，小学高年级教材增加写作方面的教学内容。

人民教育出版社的新版小学英语教材，凸显了以人为本，全面发展的教育理念。学生的发展是这套英语课程的出发点和归宿。无论在内容和结构体系方面，还是在程度与分量、理论与实践、活动与任务的设计等方面，都力求符合不同学段学生的年龄、生理和心理发展的特点，注重激发学生的兴趣，调动学习积极性，遵循功能—结构—话题—任务相结合的途径进行设计。应该说，与20世纪80年代和90年代的教科书相比，人民教育出版社这套小学英语教材设计的活动形式明显具有活泼有趣的特征，促使教师在课堂上改变语言重复训练的方式，促使学生多种感官并用，通过感知、实践、体验和参与，接触英语这一国际性语言，并在全球化的背景下理解文化背景差异。同时，这一套小学英语教材也突破了传统的评价模式，更加关注学生学习的全部过程，这为提高学生的核心素养和关键能力和促进学生的全面发展创造了条件。

新中国成立以来，我国基础教育英语教材的编写过程是一个不断吸收国外语言教育理论并积极自主探索的过程。同时，在对英语教育的认识上，也从传统的“以语言发展为目标”逐步转向“以培养学生的核心素养和人的全面发展”为目标，语言的学习更具有交际交流和文化功能。无论是课程标准还是相关的研究都认为，英语教育的交际能力应包括语言知识、语言技能、文化意识、学习策略和情感态度五个维度。特别是，新课程中强调了语言知识和语言技能是交际能力的基础，文化意识是得体运用语言的前提，学习策略是提高学习效率、发展自主学习能力的保证，情感态度是影响学生学习和发展的重要因素。这样的深刻认识是几代中国基础教育领域的专家、学者和一线教师长期探索的结果。尽管功能法指导下的小学英语教材建设取得了很大成就，但是当前小学英语教材的建设在汲取国外语言教育丰富成果的同时，也要进一步立足中国基础教育的现实，吸取各家之长、为我所用。

第二节
小学英语教材和课程资源开发研究

一、小学英语教材的开发

“文革”期间，我国基础教育遭到极大的破坏。这一时期的英语教材具有“单一教科书”的特征——仅有教科书，没有其他相关辅助学习的材料。20世纪80年代以后，小学英语教材逐渐丰富起来，与小学英语教科书相配套的录音、磁带等逐步进入课堂。但是，正如夏纪梅指出的，即便在改革开放以后相当长的一段时间里，小学英语教材是教师教学中唯一的法定文化，规范并控制着小学教师的英语教学。小学英语教科书仍然是“语言范本”，是实施课程的工具和媒介。①进入21世纪以来，随着新课程改革的推进，小学英语教材多样化趋势日益明显。传统的“一本教材走遍天下”的局面日益受到挑战。近年来随着网络学习资源的发展，小学英语教材资源变得非常丰富。正是在这样的背景下，教材传统的绝对权威地位受到了挑战。新的课程观和教材观视教材为“工具”和“材料”，不再将教材作为依赖、崇拜的对象，而是将其作为实现课程目标的工具或手段。另外，现代信息技术的迅猛发展带来了教材内容学习方式的改变。

2008年，教育部组织的全国英语教学情况的调查报告中，对于教材使用情况的调查表明，部分教材仍然存在一些不可忽视的问题。例如，教

---

① 夏纪梅、孔宪辉：《试论外语教材的功能等有关问题》，《外语教学》1999年第1期。

材脱离学生实际水平、教材知识结构体系和系统性较差、教材内容远离学生生活、配套资源不够完善等。这些问题都需要在实际教学中得以解决，需要教师根据教学实际，适当地在实践中调整教材的使用方式，使教材的使用更加贴近本地的学情。此外，我国小学英语教师的师资情况也使新教材在实施过程中面临相应的挑战。按教育部要求，小学英语课程开设的起始年级一般为三年级。各地教育行政部门可结合实际，确定本地区小学开设英语课程的工作目标和步骤。但是，在实施过程中却出现了教师数量不足、质量良莠不齐的情况，教师对教材的理解和使用存在较大的差异，尤其在中小城市和农村地区这一现象更为明显。在小学英语教师队伍里，还存在很大一部分非英语专业毕业的教师，他们或是从其他科目转岗做了英语教师，或是兼任英语教师，其英语专业背景知识的缺乏和繁重的教学任务使他们难以深入理解和把握课程标准及教材。

二、英文原版绘本作为课程资源的开发

《义务教育英语课程标准（2011年版）》强调，英语是一门兼具工具性与人文性的课程，并对小学英语教学所要达到的部分课程目标进行了详细的描述。例如，“能听懂简单的配图小故事”“能借助图片读懂简单的故事或小短文，并养成按意群阅读的习惯”。英文绘本作为一种以图片为主，图文结合的读本，以其直观的形象、生动的内容激发小学生的英语学习兴趣。同时，地道的英语表达对小学英语教学具有一定的帮助。小学英语课堂的绘本资源，既包括纸质原版英文绘本，也包括电子版的原版英文绘本。英文绘本丰富了小学英语课程资源，对激发小学生英语学习的兴趣

有一定的作用。我国的英语教师也在教学实践中不断尝试在课程改革的探索中，将优秀的英语绘本运用到课堂上。总的来看，英语绘本是一种有意义的阅读，为学生提供了丰富的语境，其优美的图画激发了学生的英语阅读兴趣，有利于提高学生学习英语的积极性，同时也能加深儿童对中西文化的理解。

第三节
小学英语教材研究的最新进展

我国小学英语教材的研究起步较晚。2001年教育部开始推行小学英语教育以后，才逐步开展了有关小学英语教材的研究。研究的主要内容集中在小学英语教材的编写理论和编写原则、小学英语教材编写及使用过程中存在的问题、小学英语教材的分析评价等方面。具体主要体现在以下几个方面。

一、教材编写的整体思路研究

程晓堂和孙晓慧合著的《英语教材分析与设计》对教材的定义、功能、编写、使用和评价进行了研究，还对我国从20世纪70年代起使用的英语教材的特点进行了归纳和分析。该书针对小学英语教材编写中的思路，提出了编写小学英语教材的四大原则：一是在语言学习的零与整的问题上，教材的编写应为学生提供完整的语境和整体的语言学习思想；二是教材语言的设计上，以探究活动为基础，促使儿童在语言学习的过程中进行探究与模仿；三是教材应当全部采用真实语言，通过日常生活中的语言促进儿童的英语学习，避免以非真实语言进行生硬的编排设计；四是强调教材的编写应使用暗示教学法设计语法及相关内容。由此，基于新英语课程标准，程晓堂提出了小学英语教材的基本编写原则：小学英语教材的编写要遵循科学性、思想性、发展性、拓展性、趣味性、开放性和灵活性。[①]刘道义提出了英语教材编写的四个基本要求：符合国家各项政策法规、符合国家课程标准、符合学生的发展要求、符合各地教改实际。

二、教材编写质量的评价研究

程晓堂将英语教材的评价分为内部评价（internal evaluation）和外部评价（external evaluation）。内部评价是指教材本身的科学性、合理性等，包括教学指导思想、教学方法、语言内容、教材组合、教材设计以及教材语言素材的真实性等。外部评价是指教材对某一群体的适用性，即小学英语教材是否满足师生、学校和行政部门等群体的要求。继而，他又提出了衡量一套英语教材质量的十项标准：发展性、思想性、系统性、科学性、趣味性、先进性、实践性、评价性、创造性和拓展性。这一全方位的教材评价体系，根植于我国英语教材的编写要求，具有明显的本土性和实践性特征。

钱瑗在20世纪90年代提出的教材评价法可以为小学英语教材评价提供一些借鉴，他提出了四步评价方法：（1）用评价列表对某一项目进行评价；（2）对教师和学习者进行访谈或问卷调查；（3）对几种教材进行比较；（4）对教材的效果进行实验研究。何安平进一步指出，评价教科书的一个更好的方法是将宏观方法与微观方法结合起来。教材评价者可以先对

① 程晓堂、孙晓慧著：《英语教材分析与设计》，外语教学与研究出版社2011年版。

教材做一个总体性的研究，然后再通过样本案例对书中的重点内容进行研究。[1]孙平华在分析了我国的英语教材使用环境以及教材评价背景和影响因素的基础上，提出可以从英语课程标准、语言教学理论、系统的语言知识、教材内容的科学组织、支持性教学材料、基本语言技能、分级与排列、语言教学评价、教师教学与职业发展、教学资源与条件限制学习者差异等十个方面来评价我国的中小学英语教材。[2]

束定芳主持的外语教改实验，把教材的选用和编写作为一个重要内容。针对当前中小学教材使用中的问题，束定芳试图通过教材改革实验推进中小学英语教学。在他看来，包括一些小学在内的学校采用的英语教材存在一些问题，例如，过度重视语法知识的传授和训练，选材内容和练习设计严重脱离学生的实际生活，部分知识内容不符合学生的知识水平和认知能力，等等。同时，束定芳也总结了当前学校英语教材使用的三个主要问题：一是教材内容与教学目标的混淆，多数教师没有将《全日制义务教育英语课程标准（实验稿）》中提出的教学目标作为教学要求；二是对教材的过度依赖导致教师忽略教材之外的学习资源；三是教师较少根据学生的实际情况取舍教材的内容，未能做到因材施教。因此，要克服以上提到的目前在教材使用方面存在的问题，同时，要把实验的理念，特别是学生自主学习的理念体现在教材里，把教材作为一种培养学生自主学习能力的载体和教师培训的一个重要渠道。实验教材需要基于师生需求，凸显实验特色，体现课程设计，将激发学生学习兴趣、提高学生自主学习能力、达到英语学习课内外打通作为重要的目

① 何安平著：《外语教学大纲·教材·课堂教学：设计与评估》，广东教育出版社2001年版。

② 孙平华：《论我国中小学英语教材的评价标准》，《课程·教材·教法》2006年第4期。

标。[1]丹阳华南实验学校的教材改革实验尝试了英语教材编写的新模式：在充分了解课程标准和英语教学实际情况的基础上，根据学生和教师的实际需求，根据国内外有关教材编写和教材使用的最新研究成果，由具有外语教学理论基础的实验组成员编写教材，然后根据一线教师和学生的使用反馈进行修订。

三、小学英语教材与中学英语教材衔接研究

《义务教育英语课程标准（2011年版）》（以下简称《课标（2011）》）是贯穿小学三年级至高中三年级的九级目标体系。这一体系打破了以往按学段分别设置课程目标的形式，使基础教育阶段的英语课程成为一个整体。同时，《课标（2011）》的二级目标规定了小学6年级结束时应达到的基本要求，三级目标为初小英语教育两阶段之间的过渡级，是初一结束时应达到的基本要求。过渡级别的设置，体现了英语课程的渐进性、连续性。《课标（2011）》还明确提出："注意做好学段之间的协调和衔接，尤其是要做好小学与初中阶段的平稳过渡，促进地区英语教育的均衡发展。"这为解决不同学段之间的衔接问题提供了实施细则和政策保证。分级目标规定了学生在各个级别里英语语言知识、语言技能、情感态度、学习策略和文化意识五个方面应达到的综合行为表现。表2–2展示的是课程标准中与初中和小学衔接联系最为紧密的二级和三级目标。

---

① 束定芳编：《中国特色外语教学改革探索：江苏华南实验学校英语教学改革实验纪实》，上海外语教育出版社2012年版。

表2-1 《义务教育英语课程标准（2011年版）》中的分级目标

分级	课程标准目标描述
二级	对继续学习英语有兴趣。 能用简单的英语互致问候，变换有关个人、家庭和朋友的简单信息，并能就日常生活话题作简短叙述。能在图片的帮助下听懂、读懂并讲述简单的故事，能在教师的帮助下表演小故事或小短剧，演唱简单的英语歌曲和歌谣。能根据图片、词语或例句的提示，写出简短的描述。 在学习中乐于参与、积极合作、主动请教，初步形成对英语的感知能力和良好的学习习惯。 乐于了解国外文化和习俗。
三级	对英语学习表现出积极性和初步的自信心。 能听懂有关熟悉话题的语段和简短的故事。能与教师或同学就熟悉的话题（如学校、家庭生活）交换信息。能读懂小故事及其他问题的简单书面材料。能用短语或句子描述系列图片，编写简单的故事。能根据提示简要描述一件事情，参与简单的角色表演等活动。 尝试使用适当的学习方法，克服学习中遇到的困难。 能意识到语言交际中存在文化差异。

由表2-1可以发现，首先，在激发学生英语学习情感方面，《课标（2011）》中的二级要求为“对继续学习英语有兴趣”，三级要求为“对英语学习表现出积极性和初步的自信心”，这体现出情感程度在加深。其次，在英语学科知识方面，二级与三级之间是循序渐进的。二级标准的目标描述主要用“简单的问候”“简短叙述”“在图片帮助下”“在教师帮助下”“演唱简单英文歌曲”“在提示下写出简短描述”“初步形成”等，对学生英语知识和技能的要求较为基础。到初一阶段，对学生英语语言技能提出了“听懂简短故事”“读懂简单书面材料”“编写简单的故事”等要求，难度较之二级有一定提高，但不存在很大的跨度，具有明显的过渡性。

张弦以外语教学与研究出版社出版的《新标准》小学英语教材中的六年级内容和人民教育出版社出版的《新目标英语》(Go for it!)教材中的初中一年级内容作为研究对象，从教材的编写体系、栏目设计、内容选择、插图、语言技能、语言知识等方面进行了比较分析。研究发现：两套英语教材编写理念基本一致，编写形式无实质性差别；两套英语教材插图数量和风格符合两阶段学生认知发展特点；读、写技能在教材练习题型设置方面难度由浅到深。但两套英语教材内容有较多重复，造成学生重复学习；两套英语教材听说技能在练习题型方面差别较大，读写技能缺乏有效方法指导。①

总体而言，目前小学英语教材的演进、教科书的配套阅读材料、练习材料等相关的研究较少。同时，对教材的研究多集中在国内不同版本的小学英语教材的比较上，对中外小学英语教材的对比研究较少。

① 张弦:《英语教育初小衔接研究》，青岛大学硕士学位论文，2016年。

第三章

小学英语教学研究

新中国成立以来，我国小学英语教学方面的研究在摸索中前进。一方面，受外部政治和经济环境的影响，新中国成立后至20世纪50年代中期，俄语学习的热潮席卷全国，使得原本在中心城市出现的英语教育中断。这一时期，随着外语在中学和大学的普及，俄语的受欢迎程度迅速提高，由此影响了新中国成立以后基础教育领域英语教学理论研究的探索。总的来说，我国英语教学研究经历了三个阶段。

一是20世纪50—70年代后期，这个阶段的外语教学研究从俄语教学理论研究转为英语教学理论研究。新中国成立以后，俄语教学方法影响了当时我国的外语教育，对外俄语教育中采用的“自觉对比教学法”（Conscious Contrast Method，简称CCM），直接影响了新中国成立初期我国的外语教学。波利瓦诺夫和别连什坚提出的自觉对比教学法，强调对比地学习语言，克服母语对掌握俄语的干扰，利用正迁移以及在发展书面语的基础上开展各种言语活动。这种俄语作为外语学习的方法强调了语法的重要性。同时，在呈现新内容时阐述了母语和目标语言的对比，阅读技能优先于其他技能，以单词、短语和句子的顺序教学。[①]唐力行在追溯我国外语教学方法时指出，对外俄语采用的这种方法主要是以课堂为中心、以教师为中心、以教科书为中心，将教师视为传授知识的人，学生被动地吸

① 李庭芗主编：《英语教学法》，高等教育出版社1983年版。

收。这样的俄语课堂教学通常以“勺子喂养”方法（通常称为“填鸭”方法）为特征。许国璋在描述这一现象时评论说，自觉对比教学法有其局限性，学生大部分时间都在教室中进行语言学习，只有极少的学生才能进入俄语书写的历史、文学或艺术等人文领域中进行阅读和学习。

由于中苏关系破裂，1958—1966年我国的外语教学政策发生了巨大的变化，全国范围内的外语学习语种从俄语转为英语。这一时期开展了外语教育改革，颁布了新的英语教学大纲，阐明了语言教学法的发展方向。1958年，新中国在经济领域开展“大跃进”的同时，也开始了“教育革命”。这场“教育革命”的目的是废除旧教育制度、旧教科书和旧观念，彻底改变传统教育教学方法。在此期间，一种新的教学理念，即启发性的方法得到了发展。这种方法是在毛泽东关于实践和矛盾的哲学以及当时教育工作者的教学实践的基础上形成的。这一教学理念主张更积极地利用学生的学习思维，鼓励学生学习分析和解决课堂内外的问题。

1963年，教育部颁布了新的英语教学大纲——《全日制中学英语教学大纲（草案）》。周流溪指出，新的课程大纲整合了阅读、背诵、造句、谈话和作文的方法。①许国璋指出，这段时间内视听教学法开始被引入中国，虽然课堂教学后期没受到这种教学方法的很大影响。②在“文化大革命”期间，特别是从1966—1970年，外语教育与大多数其他教育活动一起被中断。尽管在20世纪70年代早期有一些外语教学，但内容主要是政治口号或简单的描述性文本，没有探索有效的语言教学方法。在中国1971年恢复在联合国的合法席位并于1979年与美国建立外交关系之后，

① 周流溪主编：中国中学英语教育百科全书，东北大学出版社1995年版。

② Xu, G. Z. *China's Modernization and its English Language Needs*. Modern Foreign Languages, 1985(4): 3–8.

外语教学才逐渐恢复其在学校课程中的地位。在随后二十年多中，英语教学法（English Language Teaching）发展迅速，我国对英语教学大纲、教学方法和课程教材进行了多项改革，并探索了新的英语教学方法。

20世纪80—90年代后期，我国积极地实验各种英语教学理论。改革开放使得英语成为中国外语教学中最广泛的外语学习内容。①英语开始被视为促进现代化和科学技术进步的重要工具。自那时以来，学校的英语教学已成为国家教育发展议程的重中之重。②1978年，教育部举办了全国外语教育论坛，讨论外语教学，随后颁布了新的英语教学大纲——《全日制十年制中小学英语教学大纲（试用稿）》，该教学大纲强调了阅读能力和独立学习技能的发展问题。1979年，教育部发布了《加强外语教育的几点意见》，进一步强调了研究和开发有效教学方法的重要性，指导所有提供非母语的英语教学的学校对教学方法进行研究，并为从国外引进的高级语言教学理论和方法做准备，以提高外语教学质量。在同一时期，研究人员、学者和教师开始引入欧美等国家英语教学方法论，逐步将其引入到其他英语教师的课堂，包括直接方法、视听法和交际语言教学法。从20世纪80年代中期到90年代中期，我国英语教师和学者根据不同的教学环境，积极地综合和实验各种英语教学理论。

虽然交际法于20世纪70年代在西方获得了立足点，但在中国并没有受到太多的重视。由于班额较大、学生人数众多、教学环境多样、教师素质差别也较大，中国外语教学环境中实施交际法教学理论被认为是不现实

① 王蔷著：《中国小学英语教学研究——教师对以学生为中心的课程理念的认知与实践》，外语教学与研究出版社2010年版。

② Zhang, D. B. *Chinese Primary School English Curriculum Reform*. In J. N. Ruan & C. B. Leung (Eds.), Perspectives on Teaching And Learning English literacy in China. New York, NY: Springer, 2012, pp.67–83.

的。此外，由于英语很快就成为高利害考试中的筛选工具，英语教学更加专注于知识的传授。在英语课堂上，许多教师更加注重提供有关英语词汇和结构的知识，而不是发展学生使用该语言进行交流的能力。①1986年，国家教育委员会发布了《关于改革和加强中学外语教学的几点意见》。该文件倡导方法论改革，鼓励了解国外的非英语母语教学的方法，并强调应该将所学知识与日常生活联系起来提高学生的语言能力。20世纪90年代初，交际语言教学法正式在学校实行和推广，中华人民共和国国家教育委员会随之颁布了两个教学大纲：《九年义务教育全日制初级中学英语教学大纲（试用）（1992年）》和《全日制高级中学英语教学大纲学校（初审稿）（1993年）》。其中明确指出，教英语的目的是为交流做准备。除了通常的语音、语法和词汇表之外，还包括新的交际功能列表，标题为“日常交流中表达”。在这两个教学大纲的基础上，人民教育出版社和朗曼出版集团公司共同编写并出版了新的教科书。新教科书普及了交际语言教学法的思想，尽管如此，但许多教师仍然更注重教授有关事实词汇和语言结构的知识，而不是培养学生使用英语进行交流的能力。课堂教学仍然以教师为中心，并没有激发学生学习的兴趣和动机，也没有促进他们个性的发展。

进入21世纪至今，我国不断进行英语教学创新。为了满足21世纪经济和技术发展的需求，促进与国际社会的沟通。在21世纪进入第二个十年之际，《全日制义务教育英语课程标准（实验稿）》对英语教学方法提出了一系列改进，包括强调以学生为中心的教学，强调教师对学习过程的关

---

① Liu, W. The *Pedagogic Lived Experience of Chinese Secondary Efl Teachers with Regard To the Communicative Approach To Language Teaching* (doctoral dissertation). Beijing Normal University, 2011.

注，强调自主学习、合作学习、探究式学习和边做边学。在教学方法上，《全日制义务教育英语课程标准（实验稿）》明确提出了任务型教学（Task-Based Language Teaching）和基于活动的实践。从这一时期开始，教师热情地尝试在课堂上使用任务型教学。此后，关于任务型教学的争论，也成为研究领域关注的热点问题。对教师来说，最大的挑战是更新教与学的观念、转变教与学的方式。强调课程与教学要从学生的学习兴趣、生活经验以及认知水平出发，提倡参与、合作与交流的学习方式以及任务型的教学方式，发展学生的语言运用能力，使学生在学习语言的过程中，形成积极的情感态度和主动的思维习惯，同时，更要关注教学过程中生成目标以及教学目标的达成。

第一节
小学英语教学理论研究

英语教学理论的发展与英语语言教育理论研究的发展密切相关。在这个过程中，作为语言学习初始阶段的小学英语课堂教学的理论探索，是在理论界探讨大学和中学课堂教学、课程设计等领域如何运用西方语言学习理论之后，才逐步开始摸索和发展起来的。此前，英语教学理论的探索是在俄语教育理论的基础上的简单模仿。1978年以后，欧美国家的母语教学、外语教学以及第二外语教学等领域的教学理论与方法大量引入国内，并对英语教育政策和实践产生了深刻影响。随着这些理论和方法被应用到包括小学英语课堂教学在内的不同领域中，我国小学英语教学理论的研究才逐渐丰富起来。

一、交际语言教学法的研究

20世纪70年代后期，交际语言教学法首次被介绍到中国。20世纪80年代和90年代初，在李庭芗、李筱菊、胡建明等专家的推广下，交际语言教学法开始引起教学研究者的注意。李筱菊在《浅谈外语教学的交际教学法》一文中指出，交际语言哲学可以归纳为一句话，即语言是交际工具，这里的交际不只是指社交往来，还包括人与人之间的一切思想情感的交流。[①]除此之外，李筱菊还于此文中阐释了交际本领中与语言有关部分的内涵，即有所知、有所会、有所能。“有所知”即有知识（knowledge），不仅要有关于英语语言形式的知识，也要有英语语音、词汇、语法方面的知识；“有所会”即有技巧（skills），也就是一般所说的听、说、读、写四个维度，涉及英语语言形式的掌握技巧，也涉及英语语言知识的运用；“有所能”即有能力（abilities），涉及英语知识在实际交际中的运用。基于这样的语言哲学，李筱菊指出，交际本领包括知识、技巧、能力三个维度，缺一不可，任何一种英语教学法如果只教一个维度，都达不到使学生掌握英语的目的。除此之外，李筱菊还提出了一些关于运用交际教学法的建议，例如，把学生置于尽可能真实的交际情境，交际活动必须由学生本人去经历，语言形式的掌握必须见于交际当中等。这些建议可以帮助一线教师更加深刻地理解交际教学法。

李予军总结了交际语言教学法在我国发展的三个时期。20世纪70年代末到80年代中期，是交际语言教学法的“引进时期”，从20世纪80年代中期到80年代末，它逐渐被运用到英语教学大纲和教材中，从20世纪90年代至今，交际语言教学法受到来自教学实践领域越来越多的关注。[②]王才仁将交际语言教学运用到活动教学中，进一步促进了该教学法的发展。也有学者指出，教师作为教学过程中的一个主体可以有多个认识的客体，教师在日常教学活动中，不仅要关注教学本身，也应该考虑到学生的年龄、心理状态、接受程度、个人经验等相关因素。学生也应该是教师认识的客体之一。由此可见，学者们没有对交际语言教学法达成共识，但是

---

① 李筱菊：《浅谈外语教学的交际教学法》，《现代外语》1984年第1期。

② 李予军：《交际法研究在中国：问题与思考》，《外语界》2001年第2期。

不可否认的是，交际语言教学法对我国基础教育的英语教学理念和方法产生了深刻的影响。

小学英语课堂教学的理论正是来自教育理论研究者从本土化的角度对交际性语言教学的研究。20世纪80年代早期，多数研究聚焦于对交际语言教学法的译介，这些译介对语言项目选择、语言能力和交际能力之间的关系尤为关注。20世纪80年代晚期，随着课堂教学实践领域的需求发生了变化，针对教学目标制订、教材编写和课堂教学如何以交际语言教学法为指导等方面的研究逐渐增多。①20世纪90年代以来，有关如何运用交际语言教学法的实证研究不断增加。进入21世纪以来，有关交际语言教学的研究更关注教师的认知和实践。②刘伟指出，中学层面的公开课受到更多的交际语言教学的影响，明显以语言的意义为导向。但是，在教师的常规课当中，他们既使用意义导向教学，又使用形式导向教学，两者的平衡明显倾向于强调语言形式。③除此之外，诸多论著也在探索交际语言教学法在中国的实践问题。有的学者结合中国的社会环境和教育条件，做了交际语言教学的可行性分析；有的学者则从课堂入手，探究交际语言教学方法在课堂上的应用问题。

饶振辉指出，交际语言教学法引发的争论是西方教学理论在中国语境中的适用性与实用性问题。④另外，有国外学者探究了传统教学法和交际

---

① 罗少茜主编：《任务型语言教学：任务、任务研究、任务型教学与评价及教师培训》，高等教育出版社2011年版，第2—30页。

② 张正东著：《中国外语教学法理论与流派》，科学出版社2000年版。

③ Liu, W. The *Pedagogic Lived Experience of Chinese Secondary EFL Teachers with Regard To the Communicative Approach To Language Teaching* (Doctoral dissertation). Beijing Normal University, 2011.

④ Rao, Z. *Chinese Students' Perceptions of Communicative and Non-Communicative Activities in EFL Classroom*. System, 2002, pp.85-105.

教学法在中国的协调运用问题。[1]这些研究主要从中国学生的优缺点角度探究了改革的可行性，为中国英语教学提出了一些建议，如采用传统的学习方法，但每个步骤的内容改变，或者采用传统的教学程序，但改变具体方式。

21世纪初期，与新课程改革中引入的建构主义教学理论类似，英语教学理论体系下的交际语言教学法面临着同样的挑战。教师不仅要传递知识，而且要设计和参与交际性的课堂活动，有更前瞻的理念、更高的语言水平。但是，在有限的职前教师培养体系下，我国职前教师的语言能力有待进一步提高。因此，提升教师语言使用能力、教学材料和活动设计能力以及课堂组织能力就显得非常有必要。鉴于英语技能在外语教师专业教学中的重要性，英语水平的提升在教师培训中仍需得到进一步重视。

二、任务教学法研究

任务教学法是“以任务为核心的语言教学计划与教学方法”，强调意义在语言使用中的重要角色。罗少茜认为，在任务教学法中，意义是首要的，对任务的评估是基于结果的，任务型教学与语言表现无关。20世纪90年代，任务教学法被引入中国，这一教学理论更多强调语境以及语言教学和真实生活的融合，任务教学法从引入之际就受到英语学界广泛关

① Alan Maley，马寅初译述：《论传统教学法和交际教学法在中国协调运用的可行性》，《外国语（上海外国语学院学报）》1998年第5期。

注。然而，任务教学法在英语学界也一直面临着挑战与争议。一些学者认为，尽管人们普遍认为任务教学法是一项很好的创新，但是它在中国的有效性仍需仔细考察。

研究者已经从定义、实施、面临的挑战和怎样使其更好地服务于中国的二语教学等多个角度对任务教学法进行了讨论。很多教师在他们的教学中尝试着使用任务教学法，但是他们并不十分清楚究竟应该怎么正确使用，因为英语课程标准并没有给出详细的评价指标和学习目标。龚亚夫和罗少茜认为，任务教学法在中国仍面临着几个重大挑战。第一，在中国，学习者无法体验到真实的语言使用环境。他们有限的实际语言接触时间并不能确保他们掌握目标语言。第二，在学习者的生活中没有语言运用的直接需求。大多数学习者学习英语的动机主要是工具性的（通过考试、进入大学或找到好工作），因此很难将学习任务与现实生活联系起来。第三，中国的“应试教育”迫使教师把大部分时间花在应试训练上，阻碍了更有效的教学方法的发展。第四，中国的学习文化主要是以教师为导向、以知识为中心、以输入为导向，与任务教学法以学生为中心、以能力为中心、以输出为重点的教学文化有很大的不同。第五，学生的心理发展远远超出了他们的平均目标语言水平，所以他们不可能完全用目标语言表达自己。第六，由于母语的负迁移，许多学习者变得气馁，失去信心甚至放弃。第七，一些中国学者仅仅因为任务教学法的来源而排斥它，认为任务教学法是一种西式的方法，他们认为简单地照搬西方的方法不利于方法论的创新，只有基于特定情况的研究才具有永久性和普遍性意义。他们强烈建议使用具有中国特色的方法。

束定芳和庄智象认为，任务教学法的优势在于向中国介绍了新的语言教学观，将学习者置于中心地位，让他们成为负责自己学习的主要参与者。教师不仅是知识的提供者，也是帮助者和促进者，他们根据学生的需要设计适当的任务和组织班级活动。此外，它通过创建模拟的现实任务来弥合课堂和现实生活之间的差距。它的目标是教学生如何学习，使他们能够成为终身学习者。然而，他们也认为，任务型教学在学习过程中采取了极端的立场，过分强调学习者的主动性和自主性，低估了教学的作用。对于中国学习者，尤其是对目标语言接触有限的初学者来说，语言形式和规则的教学是非常重要的。此外，课堂任务的选择和顺序也有问题，因为它们通常是基于教师的假设。任务教学法更适合第二语言语境而非外语语境，因为它要求学习者在生活和使用目的语的过程中理解和归纳规则。在中国，学习者接触英语的时间相当有限，因此，任务教学法的适用性成为一个问题。实际任务的设计、教学任务的排序、任务的有效性评估等方面的问题，使得任务教学法在我国的应用十分困难。显然，这需要更好地设计现实的任务，并使任务教学法的理论在实践中更加成熟。

三、以学习者为中心的语言教学模式研究

“以学生为中心”（learner-centeredness）是受交际语言教学法影响而引入中国的另一个重要概念。正如约翰·罗伯特（John Roberts）所描述的，所有的交际性语言教学都是以学习者为中心的，因为它接受学习者的交际需求的必要性。同样，李晓菊指出，重要的是充分发挥学生的主动性，让他们积极参与需要说听、写或读、思考的交际活动。”王蔷指出，当英语短语“learner-centeredness”被逐字翻译成汉语的时候，译为“以学生为中心。这说明学习者是学习的焦点或中心，没有明确的教师角色，

而在翻译的实际意义上，“学习者为主体”更准确地说明了学习者在学习中起着主体作用，而教师起着辅助作用。

顾明远先生在《江苏教育》(1981年第10期)提出了“学生既是教育的客体，又是教育的主体”这一重要观点。从1992年开始，一些中青年教育专家、学者开始了全面、深入的“主体教育”实验。北京师范大学“主体教育”研究项目主持人裴娣娜认为，实验项目经历了三个主要阶段。一是课堂教学改革阶段(1995—2001年)，二是项目为基础的研究阶段(2001—2006年)，三是总体开发阶段(2006年至今)。第一阶段是通过改革小学语文、数学、英语、科学等学科的课堂教学，将抽象的教育理念“学习者为主体”转化为课堂实践。在高校学科教育者和地方教研员的引导下，人们探讨了“主体教育”视野下的教学策略。第二阶段始于2001年，聚焦于学校改革、重建和发展的以项目为基础的研究打下了基础。很多学校参与其中，并成为国家研究项目的试点学校。第三阶段始于2006年。伴随着全国课程改革，在这一阶段，主体教育的研究从探索其概念和教学策略，到发展新的学校形式、学习模式、行政支持系统、新课程和学校领导等。

王蔷主持的一项大规模调查显示，尽管中国小学英语教师对以学生为中心的教学有着极大的热情，但在变革的过程中，教师群体对“以学生为中心”理念存在着很多误解和疑虑。①课程目标与课堂实践的现实之间存在差距，其原因在于，教育变革的灵感通常来自于非常乐观的态度，但当试图实现这种变革时，困难和困惑就会产生。课程目标提供的一些指导性

---

① 王蔷著：《中国小学英语教学研究——教师对以学生为中心的课程理念的认知与实践》，外语教学与研究出版社2010年版。

原则，通常不适用于当地条件。①

新中国成立以来特别是改革开放以来，我国英语研究理论工作者和一线教师不断探索，致力于寻找一种普遍适用于课堂的最佳教学方法。但是，教师在课堂上的教学方式会受到宏观和微观教学环境的影响。例如，班级的学生人数、学生的学习经历、学生的需求和熟练程度以及设施的可用性，都会影响教师对特定方法的选择。同样，教师在两个平行课堂上可能会体验到明显的差异，而使用哪种方法将取决于教师对那个班级的具体情况的理解。除了课堂的环境，学校、社区和社会也不可避免地会影响英语的教与学。选择合适的教学方法需要考虑很多因素。此外，还存在其他直接或间接影响教学的潜在因素，如学习者个体差异、教师与学生之间、学生与学生之间以及学生与学习环境之间的动态关系，以及教师对设备的管理、可用的教学时间以及评估方法等，这些因素都使得教学变得非常复杂。在教学实践中，需要考虑到这些因素的多样性和复杂性，如果不了解指导原则，就很难把工作做好。

正如王蔷指出的，教学理论、方法只有在适合的教学语境下才会有效。特定的教学方法常常被认为是解决教学问题的万能方案，就好像它们可以在任何地方、任何情况下得到应用一样，而教师在试图应用方法时，有时会忽略在特定的教学环境中可用和可能的东西。换句话说，仔细考虑教学发生的环境是绝对必要的，包括文化、政治和制度现实。当一种新的方式或方法出现时，抛弃传统而追随新趋势，或者将国外作为母语教学的

---

① Keating, D. P. *Human Development in the Learning Society*. In M. Fullan (Ed.), Fundamental Change: International Handbook of Educational Change. Dordrecht, The Netherlands: Springer, 2005, pp.23–39.

理论和方法全盘引入国内英语课堂是不明智的。鼓励教师根据教学环境、教学目标、学生需要以及不同方法的优点来制订自己的教学方法，才是未来我国中小学英语教学理论和方法探索的正确方向。①

① 王蔷著：《中国小学英语教学研究——教师对以学生为中心的课程理念的认知与实践》，外语教学与研究出版社，2010年版。

第二节 小学英语教学方法研究

与其他学科教学理论、方法的研究不同，英语作为一门外语，其教学方法的研究是从引入国外相关研究开始的。随着我国社会经济的发展，小学英语教学研究越来越关注本土教学理论和方法的构建。

从1949—1980年，我国关于外语教学法的著作主要是借鉴苏联的教学经验。由于苏联在俄语教学方面积累了一些经验，这就为新中国成立之初，刚刚启动的大规模外语教学提供了操作性较强的直接指导。20世纪80—90年代末，留学归国学人或来华讲学的国外专家开始在有限的几种外语教学期刊撰文介绍国外母语教学的理论和方法。这一时期，小学英语教学尚未进入教学日常，但国内出版了一些教学法书籍，对小学英语教师课堂教学方法的运用产生了影响，包括《中学英语教学法》①《中学英语实用教学法》②《国外外语教学法主要流派》③《英语教学法》④《外语教育学》等。此外，胡文仲于1985年选编了《基础英语教学论文集》，其中包含一些外语界前辈和一线教师对基础教育阶段英语教学方法的经验介绍。

20世纪90年代后期是我国外语教学研究的提高阶段，外语教学法的研究呈现多样化趋势。王才仁的《英语教学交际论》、张国扬和朱亚夫的

---

① 吴棠、王才仁、杭宝桐编著：《中学英语教学法》，广西人民出版社1981年版。

② 章兼中主编：《中学英语实用教学法》，山东教育出版社1987年版。

③ 章兼中主编：《国外外语教学法主要流派》，华东师范大学出版社1984年版。

④ 李庭芗主编：《英语教学法》，高等教育出版社1983年版。

《外语教育语言学》、杨连瑞的《英语教学论》和《英语教育学》、束定芳和庄智象的《现代外语教学——理论、实践与方法》等分别从语言教学原理、教育学、教学论等角度对英语教学法进行了系统研究。

进入21世纪至今的20年是我国外语教学研究的发展创新阶段。这一时期，关于小学英语教学理论和方法的研究，不仅在数量上不断发展，而且在质量上有了提高。此前，我国的英语教学理论和方法主要是从欧美国家移植的，但在最近的20年间，开始了英语教学法的本土化探索历程。我国研究者开始基于我国教学情境的教学法理念进行反思，在教学法体系的构建方面形成了初步的成果。

国内学者撰写的大量关于教学法的著作，已经成为师范类院校小学英语教师职前培养过程中重要的参考资料。与20世纪80—90年代初期的著作相比，多数著作在国外英语教学理论和方法的阐述上，已不再停留在翻译和介绍的层次，而是针对国内外语学习环境、学习特征和评价要求，提出了紧密结合中国学校课堂情况的教学方法。在学者们的著作中，具有代表性的有王蔷主编的《英语教学法教程》、张正东著的《中国外语教学法理论与流派》、左焕琪编著的《外语教育展望》、田式国主编的《英语教学理论与实践》、肖辉著的《语法—翻译教学法研究》、苏承志主编的《英语交际能力与策略》、龚亚夫和罗少茜编著的《任务型语言教学》等著作。

同时，这一时期国内出版社先后从国外引进了牛津应用语言学丛书、外语教学法丛书、英语沙龙英语教学法丛书、汤姆森英语教师丛书等系列书籍。其中，外语教学法丛书收录了外语教学法理论、外语教学技巧与原则（包括语法、词汇、阅读、写作等的教学）、教材教法、外语教学方法改革与创新等领域的最新研究成果，包括《语言教学挑战与变迁》(*Challenge and Change in Language Teaching*)、《如何教授英语语法》(*Explaining English Grammar*)、《学习教学：英语教师指南》(*Learning Teaching: A Guidebook for English Language Teachers*)、《英语教学学成功之道》(*Success in English Teaching*)、《语言教学中的教与学》(*Teaching and Learning in the Language Classroom*)等。这些译著成为小学英语教师职前培养的辅助读本，对于进一步提升小学英语教师的课堂教学水平有着重要的促进作用。

除了对外来的英语教学法进行本土化改造之外，我国一些英语教学法专家立足我国的国情、教情和学情，进行了英语教学法的实践探索。新中国成立以后，历经各次英语课程与教学改革，我国的本土英语学法呈现出不同的探索取向。一部分教学专家主要从理论角度出发，探索了我国的英语教学应依循的理论观和教学原则。例如，李庭芗提出的“辨证综合法”及胡春洞的“英语教学理论”等。一些研究者探讨了我国的英语教学模式以及教学方法，还有一部分研究者以理论为指导，针对中、小学英语教学中的某些问题，如词汇、阅读、听力、表达等问题，创造了各自独特的“英语教学法”。例如，胡春洞、包天仁概括的九大教学法[①]以及张正东的《中国外语教学法理论与流派》[②]等。正如陈艳君指出的，这些本土化英语教学理论、方法既带有理论和实践中的混杂性特征，同时又带有明显的中国特质，是由国人主导创生出来的、有特色的英语教学法。[③]

---

① 胡春洞、包天仁主编：《中国当代著名英语教学法流派》，吉林教育出版社2002年版。

② 张正东著：《中国外语教学法理论与流派》，科学出版社2000年版。

③ 陈艳君：《基于本土视角的中国英语教学法研究》，湖南师范大学博士学位论文，2015年。

一、王才仁的双重活动教学法

王才仁开发了双重活动教学法，这种方法有六个原则。第一，教学和学习活动中有两个参与者——教师和学生形成了课堂的双重中心。第二，教师和学生之间的沟通不仅是知识，也是情感、态度和价值观的交流。第三，目标语言既是物质工具又是精神工具。第四，存在双重信息输入通道——大脑中的外部刺激和认知活动。第五，存在双重输出背景——内部和外部背景。最后的二元性是在教学目的中找到的。在王才仁看来，外语教学的目的包括培养学习者使用语言的能力和促进素质教育，活动是语言学习最重要的形式。

二、黄炳灵、金蒂和刘兆义的课文整体教学法

黄炳灵、金蒂和刘兆义在20世纪80年代初提出了他们的课文整体教学法（System of Global Teaching of English Texts，SGTET）。20世纪80年代，课文整体教学法被认为是一种非常激进的方法，尽管受到许多人的挑战，但一些学校对其进行了实验，取得了令人满意的成果。课文整体教学法强调教导并不仅仅意味着传授不同元素的集合，而应该是一个整体生成的过程。这种方法进一步强调教学和学习不是静态的，而是变革性的。

20世纪80年代，我国学校普遍遵循教科书中的顺序进行英语教学。首先是词汇，然后是结构，最后是整个文本。然而，课文整体教学法试图将所有部分整合到一个整体学习过程中。通过这种方法，教师和学生共同努力，从文本中构建意义，使思维教学与内容教学相结合。刘兆义认为，

课文整体教学法包括四个步骤。首先，学生独立阅读整体文本，然后在教师的指导下，尝试理解意识形态内容和结构，从浅层的视角逐渐转向深入的视角。其次，学生在理解的基础上学习，掌握和应用语言结构。再次，培养听、说、读、写四种技能，但在不同阶段有不同的侧重点。最后，教学的目标是传授知识，确保教学和学生受益。这种方法的应用应注意四个方面。首先，文本应被视为一个整体。其次，在学习词汇或语法之前，应该充分理解文本的意义，即学生应该尝试通过略读、扫描和精读来理解文本的意义。再次，在完全理解了一个文本之后，通过提供相同类型和同一主题的三个其他文本，将概念强调三次。最后，语言应该在实际情境中使用，以便发展语言组织和阅读理解能力。

三、张思中的英语教学方法

张思中在20世纪50年代中期从俄语专业毕业后，成为中学的俄语教师。他的教学方法的基础是“心理优势理论”。他指出，一旦学生产生了兴趣、热情和正确的动机，他们就有很大的学习外语的潜力。它将学生视为语言学习的主体。因此，培养学生的学习能力是语言教学中不可或缺的目标。同时，张思中强调，教师的工作不仅仅是教授语言，还要引导学生自己学习。

张思中提出了一些教学建议。第一，适当的集中和强化。根据规则和内部关系组织或分组，大量教授发音、单词和语法是必要的。换句话说，通过比较、对比、类比或推理在事物之间建立联系，将大大增强学习和记忆。在词汇学习领域，如果有50个或更多的单词相似，例如词性或元音的发音相似，则可以在一节课中讲授。这种集中引入的新信息需要被不断审查和加强——反复螺旋加固（反复循环）。第二，为了防止学习者忘记，在课堂教学和实践中需要多次重复新词。第三，阅读作品原作（阅读原著）。他认为阅读原创作品是学习英语的主要目的之一，也是理解文化的重要手段。第四，根据学生的学习能力教授学生（因材施教）。最后他认为，学生的兴趣和学习英语的能力各不相同。因此，教师应调整自己的教学方法，以满足不同兴趣或学习能力的学生的需求。

四、结构—功能法

“结构—功能法”把多种教学法及其流派的优点糅合在一起。特别是将结构法、功能法合二为一，开创了外语教学法历史的新纪元。张志公、刘道义、魏国栋、董蔚君等学者进一步推动了它的发展。这一流派认为，结构方法不应该被拒绝，因为它在中国发挥了重要作用。但他们认为功能方法可以与结构方法相结合，形成一个更能满足中国学习者需求的教学方法。这种方法利用了两种方法的优点，一方面强调准确性，另一方面强调适当性。就教学程序而言，结构—功能法提出了五个教学步骤，被广泛称为五步教学方法：修订、演示、演练、练习和巩固。该方法将修订、练习和传统教学程序与方法学的新发展相结合。例如，通过添加演示作为第二步，通过使用目标语言和视觉辅助来介绍新的语言知识。实践方法鼓励教师设计多种形式的练习，逐渐减少教师对学生使用语言的控制，强调语言表达的流利性和准确性。

有学者指出，在英语教学理论本土化的过程中，应该着重从研究主体的本土化自觉、研究方法的本土化转变及研究内容的本土化观照这三个方面，努力寻找外来语言教学理论和方法的本土化改造途径。①在英语教学理论的本土化摸索中，形成具有中国特色的英语教学法，继承与创造性转化我国传统的课程与教学论思想、借鉴与创造性转化国外课程与教学理论，才能使本土化英语教学理论不断发展。②

①② 李红恩、靳玉乐：《西方教学思想的本土化意义、途径与策略》，《教育研究与实验》2012年第2期。

第三节
小学英语教学设计和实施研究

一、小学英语教学设计研究

教学目标是教学设计中的核心内容。无论是对于小学英语教学领域的新手教师，还是有教学经验的教师来说，在进行教学设计时，教学目标都是教学实践取得实效的前提，只有合理而恰当地定位教学目标，教学才能做到有的放矢，教学效率才能真正提高。

对于小学英语教学目标的研究表明，尽管小学英语教材的编写者在编写每个单元的时候，都在教师用书中清晰地表述了教学目标。但在教师的教案或者是课堂教学设计中，教学目标的表述往往具有一些共性的问题。有学者将这些问题归纳为两个方面。一是教师照搬教材或教师参考用书所设定的教学目标，很少考虑所教班级学生的前知识的掌握程度；二是对教师参考用书提供的教学目标的理解有偏差，造成目标的设定不切合实际。

卜玉华指出，小学英语教师在制订教学目标时通常出现的问题包括以下三点。一是常常将一些词组、句型等表达列入教学目标中。这种脱离语境的语言话题，孤立地进行语言教学的方式，割断了语言形式和语言功能的有机联系。卜玉华认为这种现象在小学英语教学中比较普遍，直接影响了学生进入高年级后的英语学习。产生这种现象的原因在于，教师没有真正理解教学话题与语言形式之间的内在联系，忽略了教学话题是语言形式的意义载体。而教学正是通过一个个“话题”的展开而让学生体会语言形式（如词、句、语法等）的意义及其用法，两者是统一的。因此，坚持“教学话题与语言形式的有机统一”是小学英语教学目标设计的基本原则之一。二是常常忽视了三维目标之间的有机联系。有些知识与技能是教学的内容与对象，需要通过教学过程，运用一定教学方法来实现，并在教学过程中，渗透思维过程和方法的学习，培养学生英语学习的爱好与兴趣。因此，在目标表达中，不应将英语教学的育人价值内涵，单纯地表述成教学目标。否则，教师就会把过程与方法目标、情感态度与价值观目标当作单独的、额外的教学任务，认为这些目标难以在教学中落实。三是语言知识性目标之间的割裂。卜玉华认为，教师在设置教学目标时，应充分重视语言知识性目标之间的彼此渗透，语言各要素在不同层次上具有组合关系，如词的组合关系是句，句的组合关系是段，段的组合关系是篇，即词在句中、句在段中、段在篇中。①

二、小学英语教学实施研究

2001年《全日制义务教育英语课程标准（实验稿）》颁布，教学设计这一概念取代了传统的“备课”概念。比起单纯的“准备”上课，“教学设计”则有着明确的导向性。

在新课程改革的背景下，很多学者和教师对英语教学设计越来越重视。他们结合真实的课堂案例发现了小学英语课堂活动出现的种种问题，如课堂活动与教学内容脱节、课堂活动效率低等。陈连秋结合案例进行分

---

① 卜玉华：《小学英语教学目标设计中的常见问题及对策》，《课程·教材·教法》2011年第9期。

析，提出了小学英语课堂教学设计应遵循的原则，即小学英语课堂活动应当兼具实用性和趣味性，同时具有交际性。① 小学英语课堂教学设计的核心概念，即课堂活动的设计应行之有效，具有可操作性，活动内容要与教学有关，要服务于目标。②

除了案例研究，也有一些关于小学英语教学设计的理论研究。孙蕊从理论层面分析了教学活动的理论基础及活动特性，对英语课堂教学活动要素的主体性、目标性、真实性、有效性进行了详细论述。③ 高妙芳对小学英语课堂活动目标及步骤进行了详细的论述。④ 杨丽根据小学阶段出现不同的主题，为小学英语课堂教学设计提出了一套相应的设计思路。⑤ 目前，在小学英语课堂上经常使用的教学方法包括任务教学法、游戏教学法、情境教学法、全身反应法、合作学习法、交际法等。教师会依据自己的特长和教学风格，以一种教学方法为主，其他教学方法为辅开展教学活动。在小学低年级，教学内容以单词和句型为主，以游戏教学法为主，并有机结合任务教学法、情境教学法等其他教学方法，符合低年龄段学生身心发展特点，有利于激发和保持学生的英语学习兴趣。

任务型教学模式必须符合我国基础教育英语教学的实际，必须将任务型教学模式本土化，以利于发挥任务型教学的真正价值。国内较早尝试进行任务型教学模式本土化研究的是鲁子问。1999年，他使用了“真实任务教学”这个概念，他在其著作《中小学英语真实任务教学理论与实践》中对“真实任务教学”进行了详尽的阐述，提出了中小学英语真实任务型

---

① 陈连秋：《小学英语课堂活动的设计与实施》，《中小学外语教学（小学）》2007期第3期。

② 彭为萍、徐庆仰：《小学英语课堂活动设计的有效性》，《英语教师》2009年第7期。

③ 孙蕊：《中小学英语课堂教学活动设计要素研究》，华中师范大学硕士学位论文，2009年。

④ 高妙芳：《试析小学英语有效课堂活动的组织设计》，《教育教学论坛》2011年第3期。

⑤ 杨丽：《小学英语课堂教学设计研究》，《教育与教学研究》2014年第2期。

教学的理论。他和康淑敏等人在总结任务型教学实践经验之后，对国外学者提出的任务型教学模式进行了改造，提出了适合我国外语教学环境的任务教学实施过程。

小学英语课程改革的重点就是要改变忽视对学生实际语言运用能力培养的倾向，强调课程应从学生的学习兴趣、生活经验和认知水平出发，倡导体验、实践、参与、合作与交流的学习方式，发展学生的综合语言运用能力，帮助学生形成积极的情感态度，提高跨文化意识和形成自主学习能力。《全日制义务教育英语课程标准（实验稿）》在“教学建议”中提出，“倡导‘任务型’的教学途径，培养学生综合语言运用能力”，并指出“教师应当避免单纯传授语言知识的教学方法，尽量采用‘任务型’的教学途径”。夏纪梅等人详细介绍了任务型教学的理念。他们认为，任务型教学旨在把语言教学真实化和课堂社会化。①2000年，程可拉分析了任务型教学的发展态势并提出了我国任务型外语教学大纲建设的设想，研究认为，我国外语教学大纲应该走过程（任务）大纲或产品与过程大纲相结合的道路。②2012年1月，《义务教育英语课程标准（2011年版）》正式颁布，任务型教学再次被强调并被赋予重要地位。

---

① 夏纪梅等：《“难题教学法”与“任务教学法”的理论依据及其模式比较》，《外语界》1998年第3期。

② 程可拉：《“产品式大纲”与“过程式大纲”评析》，《国外外语教学》2000年第3期。

第四节
小学英语课堂实效性研究

课堂教学是小学英语教学的主要途径。从改革开放以来的抓“双基”，到新课程改革实施以来落实素质教育的理念，及至当前强调做好立德树人工作，培养学生核心素养，课堂教学一直是教育理念渗透的主要渠道。随着课程改革的逐步深入，一些新的教育理念冲击着原有的对小学英语课堂教学的认识。如何尊重学生的个体差异、个体特征？如何在关注学生知识学习的同时，促进学习过程中的情感和态度？如何兼顾学生在文化意识方面的提升？都是学者们一直思考的问题。

刘兆义指出，我国的教师更愿意通过考试来检验课堂教学的质量。终结性评价等纸笔测试的方法，仍然被认为是检测小学英语学习成效的最主要的途径。但是，为了体现新课程所倡导的“以学生为中心”的教育理念，小学英语教师都千方百计地设计新颖有趣的教学活动，力求激发学生的学习兴趣，启发学生的思维，使他们能够主动地获取知识，从而提高课堂教学的实效。然而结果是，不少课堂教学活动流于形式，缺乏实效性。学生在课堂上的活动与其英语能力、素质、思维提升的关系如何，课堂上的这些教学活动的实效性究竟如何，这是小学英语课堂教学面临的问题。①

---

① 程晓堂、刘兆义主编：《教育部义务教育新课程远程研修丛书·小学英语》，华东师范大学出版社2008年版。

新课程改革以来，课程的理念和内容形式发生的转变，为小学英语教师的教学活动提供了充分的空间，但也带来了挑战。程晓堂指出，小学英语课堂教学实效性的本质是，课堂教学活动及其结果与社会的需要和个人发展的需要是否相符以及相符的程度。他指出，"有效"的小学英语课堂教学，主要是指通过教师一段时间的教学后，学生在语言技能、语言知识、学习策略、情感态度等方面获得发展，从而提高英语的综合运用能力。蔡月指出，对于小学英语教学有效性的研究，一直是身处一线的小学教师关注的重点。刘化丛分析了制约英语教师课堂教学行为的因素，并将其分为外部因素和内部因素。外部因素包括社会大环境和学校层面的制约因素。内部因素包括英语教师的教学动机欠佳、自我期望不高以及教学反思不到位等。①蒋红梅认为，我国小学班级班额过大是造成英语课堂教学效率不高的外部因素，同时，教师的角色归因是影响课堂教学有效性的重要因素。蒋红梅提出，有效的英语课堂小学英语教师角色有三种。一是设计者与引导者角色。承担这一角色的教师促使有效的信息传递与转换，从而提高英语课堂的效率。二是管理者与合作者角色。承担这一角色的教师能够以平等的身份与学生沟通交流，更好地营造出轻松和谐的英语课堂。三是促进者与激励者角色。教师在教学过程中，鼓励学生合作学习，同时善于捕捉学生的闪光点，让学生感受成功的动力。②与蒋红梅的研究类似，近年来研究越来越多地将小学英语课堂的有效性归结到教师这一核心内部要素。例如，刘勇士认为，教师良好的技能和学科知识、自身的效能感、教学监控力及整体教学功能的发挥才是制约英语教师课堂教学有效行

---

① 刘丛丛、段作章：《教师教学行为方式变革问题研究综述》，《中小学教师培训》2012年第6期。

② 蒋红梅、任健华：《近十年来中小学课堂教学管理研究综述》，《现代教育科学（普教研究）》2012第4期。

为的核心因素。①

虽然当前我国有关小学英语课堂有效性的研究取得了不少成果，但必须指出的是，这些研究在研究方法上多为观察法，尤其是多局限于课堂观察的研究。大量有关小学英语课堂有效性的研究也以描述性案例为主，缺少学理分析，缺少对课堂教学行为的框架的理论研究。总的来说，小学英语课堂有效性研究的研究方法需要更加多元化。②

① 刘勇士：《英语有效课堂教学行为的建构》，《教学与管理》2013年第4期。

② 蔡月：《小学英语教师课堂教学行为有效性研究》，上海师范大学硕士学位论文，2016年。

第五节
小学英语教学方法研究的演进

我国英语教学方法研究成果集中体现在相关教育文件之中，特别是历年来颁布的教学大纲和课程标准当中。

刘道义和吴兆颐主编的《英语教育在中国：历史与现状》（英文版）①一书将不同教学方法的演进分为三个阶段：1949—1977年为第一阶段；1978—2000年为第二阶段；2001年至今为第三阶段。在这三个阶段制定和实施的一些教学大纲和课程标准所倡导的教学方法摘要如下。

表3-1 1949年至今英语教学大纲和课程标准中的教学方法及理念

阶段	英语教学大纲和课程标准	教学方法及重要理念
第一阶段：1949—1977年	1956年《高中英语教学大纲（草案）》	没有讨论具体的教学方法； 强调发音、拼写、朗读、词汇和语法
	1957年《初中英语教学大纲（草案）》	没有讨论具体的教学方法
	1963年《全日制中学英语教学大纲（草案）》	没有讨论具体的教学方法； 强调基础培训的重要性、妥善安排教学、发音教学和对话训练、增加阅读、练习和课外活动

① 刘道义、吴兆颐主编：《英语教育在中国：历史与现状》，人民教育出版社2015年版。

续表

阶段	英语教学大纲和课程标准	教学方法及重要理念
第二阶段：1978—2000年	1978年《全日制十年制中小学英语教学大纲（试用稿）》	通过视听教学或视听教具教授发音、词汇、语法、文本和阅读； 强调提供外语环境； 全程培训听、说、读、写，不同阶段有不同的侧重点
	1980年《全日制十年制中小学英语教学大纲（试用稿）》	探索中国学生学习英语的自然规律、专注于语言的使用、整合听说读写；翻译培训被认为是掌握外语的关键、实施教师指导的学习
	1986年《全日制中学英语教学大纲》	遵循语言教学和学习规律；整合教育思想；强调使用语言的能力；强调在不同阶段对不同侧重点的四项技能进行全面培训；强调学生用语言进行交流的能力
	1988年《九年制义务教育全日制初中英语教学大纲（初审批准版）》	增加语言材料和语言练习的数量；充分利用（电子）视听教具来创造英语环境
	1992年《九年义务教育全日制初中英语教学大纲（试行版）》	与1988年《九年义务教育全日制初中英语教学大纲（初审批准版）》相比，但有一个例外："教师指导"改为"教师引导"
	1993年《全日制高中英语教学大纲（初审稿）》	与1992年《九年义务教育全日制初中英语教学大纲（试行版）》相比，增加了一条指导：处理好语言教学与文化的关系
	1996年《全日制高中英语教学大纲（试用版）》	与1993年《全日制高中英语教学大纲（初审稿）》相比，增加了两条说明："使学生能够使用英语"，并且"处理好基础语言知识和语言能力之间的关系"
	2000年《九年制义务教育全日制初中英语教学大纲（试用版）》	使英语成为素质教育的一个组成部分；让学生成为主要参与者，教师是引导者；强调语言的实际运用；尽可能使用英语和必要时使用母语；增加课外活动的使用；充分利用现代化的教育资源

续表

阶段	英语教学大纲和课程标准	教学方法及重要理念
第二阶段：1978—2000年	2000年《全日制高中英语教学大纲（试用版修订版）》	英语教育作为素质教育的一部分，四项技能全面发展，重点是阅读能力
第三阶段：2001年至今	2001年《全日制义务教育英语课程标准和高中英语课程标准（实验稿）》	课程理念： （1）致力于所有学生的教育，强调素质教育 （2）促进以学习者为导向的教学，尊重个体差异 （3）制定基于能力的目标，并允许灵活性和适应性 （4）密切关注学习过程，倡导体验式学习 （5）特别重视形成性评估，特别注重能力的发展 （6）优化学习资源，最大限度地增加学习和使用语言的机会 对教师的建议： 注重以学习者为中心的教学，促进自主学习，合作学习，探究式学习和边做边学
	2003年《高中英语课程标准（实验版）》	课程理念： （1）提供满足学生个性化需求的选择 （2）优化学习方法，为主动学习创造机会 （3）满足学生的情感需求 （4）建立新的评估体系 对教师的建议： 培养学生在语言学习中的探究式学习能力和协作精神
第三阶段：2001年至今	2011年《九年全日制义务教育英语课程标准》	课程理念： （1）强调素质教育，体现语言学习的价值观，促进学生的发展 （2）注意语言学习者的个人特征和差异 （3）充分考虑语言学习的进步性和连续性，制定全面和连贯的目标 （4）强调学习过程，重视语言学习中的实践和应用 （5）优化评估方法，提高学生的整体语言能力 （6）丰富学习资源，最大限度地增加学生学习和使用语言的机会 对教师的建议： 创建与现实生活相似的语境，采用适当的教学方法（如任务型教学法），将过程与结果结合起来，培养学生使用英语交流的能力

如表3-1所示，每个阶段的文献都有一些共同的特征，虽然第一阶段的教学大纲没有明确规定教学方法，但是它们都为教师提供了一些教授学生发音、词汇和语法的建议。然而，在第二阶段，教学方法的改革是一个主要问题，也反映在这一阶段发布的教学大纲中。1986年的教学大纲中首次提出了教学原则。1988年、1992年和1993年的教学大纲在确定教学目标时使用了“沟通”这个词。大多数第二阶段教学大纲也强调了口语、听力、阅读和写作的综合发展。1993年教学大纲中首次强调语言与文化之间的关系。另一个重点转变是将学生视为学习过程的主要参与者，在学生的主动性下学习；强调使用视听辅助工具和现代教学手段为目标语言学习创造条件。2000年颁布的初中和高中教学大纲进一步鼓励教师充分地利用各种教学资源，鼓励学生通过报纸、杂志、广播电视和互联网独立学习英语。第三阶段见证了教学偏好的转变，课程标准强调自主学习、合作学习和基于探究的学习。

进入21世纪以来，随着对语言教育的认识逐步加深，我国英语教育的发展步伐加快，英语教学理论本土化的呼声日益高涨。近年来，英语教学理论和教学方法越来越强调多种方法的融合与贯通，理论和方法逐步从单一走向综合，同时，由侧重教师的教转向学生的学。

第四章

小学英语教育评价研究

我国小学英语教育评价研究主要可以分为以下几个阶段。

第一个阶段是20世纪50年代初期，这个时期俄语教育在中国迅速发展，英语淡出学校外语教育。1954年秋，初中全部取消了外语学习。1956年颁布的《高中英语教学大纲（草案）》对词汇的要求仅为1 500个单词，听说读写的要求相当基础。这一时期的英语高考只有三种题型：阅读理解、段落翻译和汉译英、写作题型完全缺失，以带有明显政治色彩的翻译和阅读来替代写作。①

第二个阶段是1958—1976年，英语教育评价经历恢复、探索和中断几个阶段。1958年基础教育领域进行了英语教学评价的短暂改革，试图打破旧的教育思想、教育体制、教学方法和教材。1960年，人民教育出版社出版了新的英语教材，第一次在国内的教材中把听、说的要求置于首位。②这些变化在一定程度上反映在英语测试中。在1962年和1963年的全国统一招生考试英语测试中，增加了一种新题型，即要求学生回答与个人相关的问题，而不是政治问题，比如“你在哪里出生？”“你通常在哪里劳动？”“你最喜欢什么科目？”以及“你学英语多久了？”等不同于标语口号类的英语口语问答。但是，随后而来的“文化大革命”使基础教育

---

① 付克著：《中国外语教育史》，上海外语教育出版社1986年版。

② 李昕辉：《我国英语教育史初探》，《青岛远洋船员学院学报》2001年第3期。

阶段的英语教学评价探索的进程暂时停滞。

第三阶段是1977年至2000年。1977年，随着国家逐步从“文革”的负面影响中走出来，基础教育阶段的英语教育评价探索得以重新启动。1978年8月28日至9月10日，全国外语教育论坛在北京召开，会议结束后，教育部完成了外语类、综合类、师范类高等院校英语专业教学计划的编制。当时针对的是高等院校中的外语教学评价，其中要求所有的教学计划必须包括评估部分；考试采取口头测试和书面测试的形式，而考查则基于课堂的表现、平时练习和测验。但是，这对后来中小学英语教育评价有长远的影响。1982年，全国中学外语教育会议召开，教育部提出了加强中学外语教育的指导方针，强调从听、说、读、写四个方面进行外语基本训练，同时要发展阅读技能和独立学习能力。1986年《关于改革和加强中学外语教学的几点意见》提出，学习语音、语法和词汇的最终目的是让学生能够进行外语的听、说、读、写。这是我国第一次将外语运用能力作为英语教学评价的基础。它明确指出，教学不应局限于语法规则，同时建议探索和运用科学的评价方法来评价不同地区、不同学校的外语教学质量。

同时，一些重要的英语教学大纲，如1988年的《九年制义务教育全日制初中英语教学大纲（初审批准版）》，1993年的《全日制高中英语教学大纲（初审稿）》以及2000年的《全日制高中英语教学大纲（试用修订版）》等都对英语教育评价的导向产生了重要影响。总之，从1977—2000年，英语逐渐被纳入教学评价中，在不断摸索的基础上，我国各级教研部门致力于提高英语评价的质量。评价的重点逐渐从强调词语和语法的掌握，转向语言实际运用，这为我国中、小学英语教育评价核心目标的确立扫清了障碍。

第四阶段是2001年至今。2003年《全日制义务教育英语课程标准（实验稿）》的颁布标志着中国新一轮英语教育研究以及评价和测试的开始。课程标准的颁布对小学英语教学评价产生了相应的影响。[①] 2011年，小学及初中的英语能力评价标准随着《义务教育英语课程标准（2011年版）》的颁布而提出。这一时期，关于语言运用能力的理解进一步加深了，人们普遍认为，运用英语语言的能力不仅包括语言技能，还包括语言知识、情感因素、学习策略和文化意识，课程标准强调这五个领域是英语学习评价的重要组成部分。也是在这一时期，开始了英语评价中的适用性研究。[②]

① 韩宝成、常海潮：《中外外语能力标准对比研究》，《中国外语》2011年第4期。

② 张小红著：《全球化语境下的英语课程改革》，武汉大学出版社2013年版。

第一节
小学英语课堂教学评价研究

20世纪50年代以来，小学英语课堂教学评价标准随着教学实践的发展被不断检验和修正，逐渐形成了包括教学目标、教学内容、教学方法以及教师教学基本功等几个主要方面的评价体系。正如叶澜指出的，对课堂教学评价的认识是一个逐步深化的过程。20世纪80年代中期，中小学课堂教学评价的重心是强调“双基”（基础知识和基本能力）。20世纪90年代以来，开始关注现代课堂教学所重视的知识、技能、生活经验、情感陶冶等多种价值取向。21世纪以来，人们逐步认识到，在关注学科知识的同时，也应该强调与现实生活与学生经验的联系；注重方法、应用、探究等方面的内容以及学科间的整合和综合；应该更关注学生的主动参与，探索多种发挥学生主体性的学习方式。这些认识为小学英语课堂评价标准的有效性、合理性的探索提供了基础。①为了实现这些目标，新课标提倡使用交际性语言教学的方法，如任务教学法。然而，这种教学方法需要一个不同的评价体系。否则，用一种方法教学，而用另一种方法评价，会削弱或错误地评价学习效果。

当前的课程标准看到了评价在教育改革中的作用，呼吁总结性评价的改革和形成性评价的推广。新课标强调，形成性评价主要用于监测和促进

---

① 叶澜、吴亚萍：《改革课堂教学与课堂教学评价改革——“新基础教育”课堂教学改革的理论与实践探索之三》，《教育研究》2003年第8期。

教学，总结性评价应注重学生运用英语的能力，而非仅仅对语言知识的记忆。由于评价具有不同的功能，新课标试图淡化评价传统的选拔和区别功能，起到引导学生、教师和管理者发展的作用。为了实现这一目标，新课标建议在实践中将总结性评价和形成性评价相结合。传统的总结性评价有助于测试语言知识的掌握程度，但也有其他方法来评价语言的使用能力。情感态度、学习策略、文化意识等要素是在学习过程中逐步形成的，需要新的评价方法。因此，为了改善学习环境，并掌握学生在课堂上学习和发展的情况，可采用其他评价方法。例如，以学生为中心、以任务为基础、以教室为基础和以能力为基础的形成性评价。同时，学生、教师、管理人员和家长不仅要参与，而且应该在评价体系中发挥作用。

《义务教育英语课程标准（2011年版）》指出："评价是英语课程的重要组成部分。英语课程的评价应根据课程标准的目标和要求，实施对教学全过程和结果的有效监控……英语课程的评价要尽可能做到评价主体的多元化……"经过不断摸索，《义务教育英语课程标准（2011年版）》专门有一个部分阐述了评价和测试，并强调了评价的指导作用。评价应该在监控教学过程、提供教学反馈、激励学生和鼓励教师专业发展方面发挥关键作用。英语学习的总目标是提升学生的综合语言运用能力，这些目标可以从五个方面来描述：语言知识，包括语音、词汇、语法、功能和话题；语言技能，包括听、说、读、写；学习策略，包括认知策略、调控策略、交际策略和资源策略；情感态度，包括动机兴趣、自信意志、合作精神、祖国意识和国际视野；文化意识，包括文化知识、文化理解、跨文化交际以及意识和能力。

为了保证义务教育阶段英语课程标准的实施，教育部在2001年就颁布了《小学英语课程教学基本要求（试行）》。其中提到，小学英语教学评价的主要目的是培养学生的学习兴趣和积极性，评价形式应具有多样性和可选择性，评价应以形成性评价为主，以学生平时参与各种英语教学活动所表现出的兴趣、态度和交流能力为主要依据。三、四年级采用平时观察和师生交流相结合的评价方式，五、六年级采用口笔试结合的方式。总结性评价采用等级制或达标的方法记录成绩。陈琳指出，近年来，由于英语课程标准越来越多地把评价作为促进学生全面发展和改善教师教育功能的一种手段，评价、甄选和编配等功能已被淡化。①

王英杰认为，发展性课堂教学评价是在课堂教学中由师生共同进行的，促进学生与教师共同成长与发展的形成性评价，发展性评价机制的引入将促进素质教育的实施和新课程改革的顺利进行。②刘兰英指出，新课程的课堂教学评价要以新课程理念为指导，以新的视角关注教师的课堂教学，以此建立新的评价观念和评价方法。通过新评价方法的实施，引导教师创造性地运用现代教学理论，重建课堂教学文化，使课堂教学从教师权威走向师生平等，从封闭走向开放，从学科走向学生，从单一走向多元，从预设走向生成，最终促进教师专业水平的提高和学生的全面发展。③

一、小学英语教学中的形成性评价研究

以选拔或鉴别为目的的考试，如高考、中考、地方统考等长期以来占

① 陈琳、王蔷、程晓堂主编：《〈义务教育英语课程标准（2011年版）〉解读》，北京师范大学出版社2012年版。

② 王英杰：《小学英语课堂教学评价体系研究》，东北师范大学硕士学位论文，2011年。

③ 刘兰英：《发展性课堂教学评价指标体系的构建》，《教育理论与实践》2008年第12期。

据了评价的核心地位，而基础教育体系内的评价变革往往是对这些变革的不断复演。[①]这一基本判断反映了我国基础教育体系内存在的通过单一的纸笔测验考试取代综合评价，以选拔和鉴别为主要功能的考试替代学生学业成就的全面评价为主要特征的评价体系。除了由于教育资源稀缺造成学校教育只能采用层层筛选的高竞争、高淘汰方式来筛选人才以外，长期以来缺乏基于心理学、测量技术等为基础的评价研究也是导致这一现状的重要原因。在小学阶段，英语学习原本旨在培养儿童的兴趣和打开多元文化的视角，但是自从在小学阶段恢复英语教学以来，在很长一段时间内，纸笔测试一直是小学阶段的英语教学评价中主要形式。

随着对小学英语教育的认识不断深化，英语教育政策的制定者不断强调以考代评不能全面反映学生学业成就；单一的考试代替评价也不符合新的国家课程标准对学生学业成就评价的要求；小学生英语学业成就评价采用以考代评完全背离了外语教育的规律，无法促进听、说、读、写等语言技能的同步与协调发展。新课程提倡在英语教学中应以形成性评价为主，注重培养和激发学生学习的积极性和自信心。形成性评价符合义务教育阶段英语课程标准中对小学开设英语课程的目标表述，即小学英语教育的首要目标是激发学生的学习兴趣。[②]

对于“形成性评价”的定义，布卢姆曾经指出，形成性评价的主要目的是决定给定的学习任务被掌握的程度、未掌握的部分，它的目的不是对学习者进行鉴定，而是帮助学生和教师把注意力集中在为进一步提高所

① 崔允漷、夏雪梅:《学生学业成就评价处在十字路口》,《教育发展研究》2006年第9期。

② 程晓堂、刘兆义主编:《教育部义务教育新课程远程研修丛书·小学英语》，华东师范大学出版社2008年版。

必需的学习上。[①]形成性评价又称过程评价，它是在教学过程中进行的评价，是为指导教学过程顺利进行而对学生的学习结果和教师的教学效果的评价。[②]有学者概括了这种过程评价的特点，即形成性评价是对学生学习过程的评价，旨在确认学生的学习潜力，发展学生的学习能力。[③]形成性评价对于小学课程与教学创新、核心素养培育中的评价观改进等都有重要的意义。《义务教育英语课程标准（2011年版）》指出："形成性评的任务是对学生日常学习过程中的表现、所取的成绩以及所反映出的情感、态度、策略等方面的发展做出评价。其目的是激励学生学习，帮助学生有效调控自己的学习过程，使学生获得成就感；增强自信心，培养合作精神。"这与核心素养培育理念下，培养适应时代要求的关键能力的方向高度一致。张连仲强调，形成性评价关注的是学习者在学习过程中的身心发展状态，具有四个特点：（1）关注学生学习的发展状态；（2）特别强调在过程学习中对学习者进行激励；（3）形成性评价英语教学过程是一个多维度、多方式、多主体的丰富多彩的过程；（4）形成性评价是以人为本的教育，应凸显学生的主体性。

《义务教育英语课程标准（2011年版）》指出，形成性评价贯穿教学的全过程，它主要用来收集信息、提供反馈。总结性评价是一种累积性评价，用于衡量学生在教学后的发展，一般在课程结束时给出，以确定是否达到了长期的学习目标。尽管两种评价方法有所不同，但是它们并

---

① Bloom B S. *Hand Book on Formative and Summative Evaluation Student* Learning, London: Mc Graw-Hill, 1971.

② 北京师范大学外语系课题组：《论在外语教学中构建形成性评价体系》，《中小学外语教学》2001年第5期。

③ 北京教科院教研中心外语教研室课题组：《对中小学外语学习评价的初步研究》，《中小学外语教学》2001年第8期。

不相互排斥。只要及时向学生提供指导和反馈，形成性评价可能会采用一些总结性评价的工具，比如笔试。因此，英语课程标准建议，评价制度应由形成性评价和总结性评价共同组成，但应倾向前者。为了帮助教师了解形成性评价课程标准，小学教师在评价中采用与日常教学类似的真实任务，如“听并打钩”“唱一首英文歌”或“做一张贺卡”。英语课程标准还指导教师使用形成性评价工具，包括课堂观察、问答、小组讨论、测验、家庭作业、师生会议、自我评价、同行评议和问卷调查。张连仲指出，虽然形成性评价在小学课堂教学中面临着大班额、学校不认可、同行应用少等挑战，但是小学英语教师应当不断探索，理解形成性评价的合理性和正当性。就当前的情况来看，尽管形成性评价工具开始进入小学日常教学评价实践，但由于多方面的原因，形成性评价仍然没有得到学校管理层面的重视，在小学英语教学实践中仍然偏重于总结性评价。有研究指出，在课堂教学中，只有一小部分教师（37.5%）在课堂评价实践中使用了典型的形成性评价工具。①

原本用于特殊教育领域个体评价的档案袋概念，在20世纪90年代以后被欧美国家逐步运用到学科评价领域。档案袋评价的概念在新课程改革以后逐渐被学校和中小学英语教师了解。一些研究者对档案袋评价进行了理论探索。吕良环归纳了档案袋的功能、档案袋的形式、档案袋的内容。他指出档案袋是教师了解学生的重要途径，有利于学习者监控、反思、评价和调节自己的学习，可以帮助教师了解、分析学习者的学习情况。②郭

---

① Cheng, L. *Supporting Student Learning: Assessment of Learning and Assessment for Learning*. In D. Tsagari & I. Csepes (Eds.), Classroom-based Language Assessment. New York, NY: Peter Lang, 2011, pp.191–203.

② 吕良环：《论外语自主学习能力之培养》，华东师范大学硕士学位论文，2005年。

宝仙介绍了档案袋的内容、类型、使用方法等。[①]李艳红和孟建平详细介绍了档案袋评价的设计、实施和具体环节。[②]

随着小学英语评价领域越来越受到重视，更多的研究者和教师开始对档案袋评价进行探索。程晓堂认为，档案袋评价强调的是一种理念，即让家长和教师能够看到孩子在英语学习过程中的成长轨迹。其核心是儿童的自主性得到发展，体现为他们能够主动参与学习。同时，档案袋评价最重要的功能就是对教师教学提供反馈，教师的专业水平也能够随着档案袋评价的实施逐步提高。[③]档案袋评价有以下几个要点。其一，档案袋评价是围绕特定的目的，由学生与教师有组织地、有系统地搜集资料，展示学习过程或者评价学生在某个方面的发展过程。其二，档案袋评价搜集的是学生学习表现的信息，以此来评价学生学习的历程。档案袋收集的内容包括作业、照片、考试成绩、笔记、录音带、作品、录像带等，其中还应该包括学生的自评、同学之间互评、教师的评语及家长评语。应该强调的是，在利用档案袋评价时要清楚构建档案袋的目的是什么，档案袋是为谁而存在的，它将如何使用，对学生会产生什么帮助。对于这样一种形成性评价方式，还需要不断地探索和实践。虽然一些学者与教师已经开始尝试利用档案袋评价学生学习过程，但有关档案袋评价的研究还是很分散，对档案袋评价中的内容、档案袋评价的时间、档案袋评价的主体、档案袋评价的正确使用等问题的研究仍未形成相对统一的意见。

---

① 郭宝仙：《英语课程发展性学生评价方法种种》，《中小学英语教学与研究》2005年第7期。

② 李艳红、孟建平：《小学英语档案袋评价》，《教育实践与研究》2013年第1期。

③ 程晓堂、刘兆义主编：《教育部义务教育新课程远程研修丛书·小学英语》，华东师范大学出版社2008年版，第163—164页。

二、小学英语教学中的总结性评价研究

我国的考试质量在宏观层面上正在提高，英语知识与语言实际使用之间的平衡程度提高了，对使用技能的要求提高了，题目也多样化了。然而，放眼全国的英语测试，仍然有需要改进的地方。首先，英语考试的结构在总体上是不明晰的。目前还不清楚考试的目的是评价学生的熟练程度还是判定成绩。另一个问题是考试中语言技能的考查比例不平衡。在一些地区，一些语言技能如口语/听力，是完全缺失的，这不仅是未能遵循课标的问题，也破坏了考试作为一个工具在评价和选择学生进入高中时的有效性和公平性。第三个问题是测试的时长。以福州为例，2009年中考的英语试题比同年的福州高考还要多，测试规范也不一致。

纸笔测试是最重要的考试方式之一。中考成绩几乎是决定高中录取的唯一参照指标，也经常被教育行政部门和整个社会用来判断教师和学校的质量。英语作为中考中最重要的部分之一，对小学英语教学产生了巨大的影响。“学英语”变成了简单的模拟练习和记忆标准答案。在学习过程中，乐趣被剥夺了，此外，学习的其他重要方面，如发展实际的学习和思维技能，很大程度上被忽视了。

第二节
小学英语学业成就测评研究

2002年12月，教育部下发了《关于积极推进中小学评价与考试制度改革的通知》，明确提出："现行中小学评价与考试制度与全面推进素质教育的要求还不相适应，突出反映在强调甄别与选拔功能，忽视改进与激励的功能；注重学习成绩，忽视学生全面发展和个体差异；关注结果而忽视过程，评价方法单一。"通知还要求建立以促进学生发展为目标的评价体系，对评价目标、措施与方法都做出了具体的规定。通知指出，中小学评价与考试制度改革的根本目的是为了更好地提高学生的综合素质和教师的教学水平。充分发挥评价促进发展的功能，使评价的过程成为促进教学发展与提高的过程。学生学业成就是学生在校期间学习结果的表现，是对学校教育目标达到程度的重要应答，是反映学生发展水平和学校教育质量的核心指标。

当前很多人将学业成就与学习成绩混为一谈，往往以学习成绩（确切地讲是考试成绩）代替学业成就，其实两者是有区别的。学业成就是指在教师指导下，学生在先前经验的基础上通过学习活动在知识、技能以及情感态度等方面达到的水平。学生的学习质量如何、学校教育效能怎样等问题只有通过学业成就的评价才能得出答案，而仅依靠考试成绩是无法全面衡量出学生的学业成就的。①崔允漷等针对我国中小学统考现象和统考的结

---

① 张布和：《我国学业成就评价改革现状及对策》，《中国教育学刊》2009年第4期。

果使用情况做了一次调查，研究发现，统考过于频繁，统考涉及的科目繁多，统考组织者混乱，主要以县级教研室、区教研室最多；统考结果处理错位现象十分严重。①研究认为，首先，这种考试不符合素质教育学业成就评价的理念与方式。其次，它改变了教育的终极目标，使得教育的目的变成了应试，而不是提升人、改变人、完善人，更不是立德树人。

小学英语学业成就以考代评的现象近年来也有抬头趋势。从我国目前大部分区域英语学科在小学段的开设情况来看，绝大部分学校从三年级开始开设英语课，但是课程地位却远远没有被称作“主课”的语文课和数学课地位高。在一些小学，英语课得不到重视，更谈不上符合规范的学业成就评价。英语学习的目的主要是应对学区组织的测试。这种情况甚至导致了小学的考试题里没有听力、没有写作，主要考查学生对词汇、语法知识的记忆，且基本上是单选题，很少有开放式的主观题。这种应试教育的后果很严重。首先，它造成了大量“哑巴”“聋子”英语学习者，没有培养英语语言的使用者。其次是严重打击了儿童对英语学习的兴趣，影响知识结构和人文素养的形成。其实，小学阶段的英语学习评价不仅仅包括对小学生的英语学业成绩的评价，还包括对他们已经掌握的知识与技能之外的情感态度、价值观的评价。这也意味着，学生的评价标准必须从知识与技能的单一维度向语言与表达、情感态度与价值观等多维度内容转化。比如在小学阶段，英语教学应该更关注小学生的学习习惯、学习兴趣、学习情绪。我们需要把知识与技能与学习能力的评价更多地转化为对学生的学习品质的多维度评价。

① 崔允漷、刘辉、郑东辉：《我国义务教育阶段学生统考情况调研报告》，《全球教育展望》2008年第3期。

第三节
小学英语教育评价研究的最新进展

2018年4月，教育部、国家语言文字工作委员会联合颁布了《中国英语能力等级量表》，这是新中国成立以来首个面向英语学习者的英语能力测评标准。《中国英语能力等级量表》将学习者的英语能力从低到高划分为“基础、提高和熟练”三个阶段。在语言能力总表下，又构建了听力理解、阅读理解、口头表达、书面表达、组构、语用、口译和笔译等多层级的能力指标体系，更加注重英语实际应用能力的培养。量表的出台，在一定程度上改变了原有的英语测试能力主要依靠纸笔测验的方式，将英语能力用级别来呈现，并对不同级别的英语能力进行细致描述，提供了多样化的学习选择，对于英语学习者具有非常明确的指导性作用。英语学习者既可以参考量表的要求培养英语综合能力，也可以针对未来职业发展的需求进行模块化学习，重点发展某一方面或某些方面特长。无论是全面发展还是单项突破，其最终目的都是改变过去为考试而学习的教学模式，真正回归到语言运用上。全国的课程大纲、考试大纲、教材的编写等，都将在《中国英语能力等级量表》框架下展开。未来的英语教材背面也将会标注对应英语能力要求的级别，为学习者提供更加明晰的指导。

与此同时，量表的发布也将改变各类外语考试并行、各自为政的局面，为各类外语考试提供科学的能力指标体系和准确的能力标尺，使考试设计更加全面、系统，使考试成绩具有可比性，为不同学习成果的沟通互认提供依据。这种设计有助于解决我国各项英语考试标准各异、英语教学与测试目标分离、学习目标不连贯等问题。同时，量表的出台将加速国内外考试对接互认的步伐。早在量表研制期间，包括雅思、托福等国际权威英语考试机构就曾参与过调研论证。未来，国家英语能力等级考试与雅思、托福等国外考试实现对接互认将是大势所趋。伴随中国国际地位提升，越来越多中国优秀人才参与到国际竞争中，不难想象，今后将会有更多国家在英语考试命题中参照《中国英语能力等级量表》，使其成为名副其实的国际标准。

在学术研究成果方面，近几年，中国对形成性评价的研究逐步增多，但这些研究成果发表在重要的国际期刊上还不是很多。关于形成性评价的论文中，就内容而言，多数论文都是从应然的角度，论及形成性评价的重要性或必要性。有关形成性评价的论文还处于经验总结水平，多数论文仍然是非实证研究。罗少茜等人的研究表明，目前虽然有关小学生英语教学研究有所增加，但缺乏理论发展，研究的广度和深度不够，实证研究较少，对非英语专业和中小学教育存在偏见。①但是，我国课堂教学评价研究正在实现从工具理性到价值理性的转换，从作为选拔分等的工具到负载发展功能的转换，主要表现在：评价主体由一元向多元发展，评价主体具有更大的参与度；不仅关注结果，更重视过程评价；把评价变成教育、指导和改进的过程；定量研究与定性研究的综合应用，等等。

---

① Huang, J. & Luo, S. Q. *Formative Assessment in L2 Classroom in China: The Current Situation, Predicament and Future*. Indonesian Journal of Applied Linguistics (IJAL), 2014, pp.18–34.

第五章

小学英语教师发展研究

作为世界上使用范围最广的语言，英语在国际交往和获取新信息、新技术方面的作用越来越重要。学习和掌握英语已成为21世纪公民的基本要求，非英语国家一般把英语教育列为首要外语学习对象，且从小学阶段开始开设英语课程，如韩国、西班牙、希腊等国均把英语作为一门正式课程在各公立小学里开设。尽管有些国家如日本、俄罗斯等国没把英语作为必修课，但所有的小学都已经正式开设英语。①在小学开设外语课程已成为世界外语教育的发展趋势。在教育面向世界、面向未来、面向现代化的今天，我国也把英语作为国民教育的一项基本内容，把英语能力作为学生的基本素质来培养。2001年，《教育部关于积极推进小学开设英语课程的指导意见》提出："2001年秋季开始，全国城市和县城小学逐步开设英语课程；2002年秋季，乡镇所在地小学逐步开设英语课程。"同年颁布的《基础教育课程改革纲要（试行）》把外语列为"小学高年级的必修课"。在《教育部关于积极推进小学开设英语课程的指导意见》的引导下，各地纷纷制订小学英语的开设规划及并积极为小学英语教育的推进创设条件。例如，广东省规定："到2003年，全省农村小学基本实现从三年级开始开设英语课并配设语音室。"②尽管各地推进小学英语开设的步伐不同，但据

---

① 张海龙、栾福瑾：《世界各国小学英语外语教学概况》，《基础教育外语教学研究》2002年第6期。

② 广东省教育厅：《广东省中小学英语教育发展计划》，2009年3月20日。

王蔷统计，2001—2008年，全国小学英语的平均开课率已达60%~70%，很多大城市更是达到了100%。①

小学英语师资的质量，是开展优质的课堂教学的根本保证。从亚洲国家的经验来看，小学英语教育的顺利实施从根本上来看取决于是否拥有一支专业水平高、教学效果好的小学英语教师队伍。②自2001年秋季开始全面正式推进小学英语课程教学以来，小学英语教师专业发展研究不断增多，成果日益丰富。这些研究较好地推动了小学英语教育的顺利实施。相关的研究指出，和其他学科教师专业发展研究一致，小学英语教师专业发展也包含着两种基本概念，即教师专业成长的过程以及促进教师专业成长的过程（教师教育），我国学术界把教师专业发展这一概念更多地理解为教师专业素质及专业化程度提高，这实质上是对两种概念的综合。③无论教师自主发展，还是以教师教育为促进手段，其目的都在于教师专业素质的提高，以适应教学的需求。

---

① 王蔷:《用改革的方式解决英语课程改革面临的困难》,《中国教育报》2008年9月12日。

② 周琳:《日本小学英语教育概况及借鉴思考》,《课程·教材·教法》2012年第7期。

③ 刘兵飞:《小学英语教师专业发展的研究：历程、问题及趋势：基于CNKI收录文献的分析（2001—2015）》,《宜春学院学报》2017年第4期。

第一节
小学英语师资状况研究

一、全国范围内的师资调查

1978年8月28日至9月10日，教育部在北京召开了全国外语教育工作座谈会。此次会议上，与会者就外语师资队伍建设问题进行了初步讨论。会议提出了《加强外语教育的几点意见》(以下简称《意见》)，明确指出应注重外语师资队伍的培养。《意见》认为，我国外语教师质量较低、数量奇缺。为此，《意见》建议中央及地方广播与电视台为广大中小学英语教师广泛开设英语教学辅导讲座；师范院校的外语系、面向地方的外语院校以及综合大学的外语系都应该扩大招生规模，努力开办两年制的英语专科，以加强培养合格的中学外语教师；中师应该附设英语师资班，以培训小学外语教师。2001年《教育部关于积极推进小学开设英语课程的指导意见》(以下简称《指导意见》)颁布。《指导意见》规定，从2001年秋季开始，全国城市和县城小学逐步开设英语课程。2002年秋季，乡镇所在地小学逐步开设英语课程，小学开设英语课程的起始年级为三年级。该文件的颁布可以视为我国大规模推进小学英语课程实施的开端，而课程的顺利实施需要足够数量的合格教师，全国范围内的小学英语教师专业发展研究也从此开启。

二、全国范围内小学英语教师师资情况调研

英语教师是小学英语教育的最直接实施者，标准化英语输入的提供者，小学生英语学习活动的调控者。英语教师的教育教学理念、语音语调的规范性程度、教学方法等因素都直接影响着学生英语水平和学生的学习兴趣以及小学英语教育的质量。因此，在推进教师职前专业化的同时，还要为教师提供持续的培训，促进教师的理念、知识、教学方法不断更新。

上海市的小学英语教育走在全国的前列，早在20世纪90年代就开始大面积在小学三年级开设英语课，1998年率先在部分小学一年级起开设英语课，2003年全面普及从小学一年级起开设英语课的政策。2001年10月至2002年6月间，上海外国语大学课题小组对上海市二十多所小学英语教师的情况进行了调查访谈，又对部分学校的教学主管干部、教育学院的小学英语教研员进行了访谈①。调查表明，在小学英语教学从三年级全面铺开的时候，包括上海这样的教育资源充足的地方，一样面临着师资短缺的局面。由其他学科教师兼任小学英语教师，是包括上海这样的大城市暂时应对英语教师师资短缺的做法。专职英语教师周课时超量，非英语专业的教师是否能胜任小学基础阶段的英语教学，是这一时期小学英语教学面临的主要问题。许多英语教师超负荷工作，且大量非英语专业背景的教师担任小学英语教师，更难以保证小学英语课的教学质量。

此后，为了全面了解小学英语教师师资情况，教育部于2005—2006年对11个省、自治区和直辖市小学英语教师情况进行了调查。2007—2009年，国家“十一五”社会科学研究项目的子课题也进行了针对小学

① 束定芳、励哲蔚、张逸岗：《上海市小学英语教学情况的调查与思考》，《外语界》2003年第3期。

英语教师状况的调研，该调查涉及六个省的1 099名英语教师。这些调研为行政部门采取措施，紧急组织培训或招聘英语教师提供了相关的依据。其中包括重点培训小学英语骨干教师和辅导教师，也包括培训具有一定英语基础的其他学科在职小学教师。通过培训后，这些教师可以更好地从事英语教学或兼职承担英语教学辅导工作。培训工作由各级师范院校、教师进修院校和中小学教研室在当地教育行政部门的规划和指导下展开。通过以上努力，小学英语教师队伍情况有了极大改观。2008年，教育部发布的一项数据显示，全日制小学英语教师数量增加到293 421名。到2018年年底，全国范围内小学英语专职教师的人数增加到25万名。回顾我国的小学英语教育史，政府一直在努力解决师资短缺的问题，除了计划中的职前和职后培训，还启动了多种形式的教师培训计划。“全国中小学英语教师专业水平等级标准（试行）及培训、考核、认证体系”早在2005年就开始执行。此外，2010年开始的“国培计划”也投入巨资开展教师在职培训。各种类型和形式的教师培训对小学英语课程的实施起到了促进作用。

刘兵飞在总结我国小学英语教师师资研究的基础上，将对小学英语教师的调研分为两个阶段。①第一个阶段是2001—2003年，研究者对各地区和学校小学英语教师基本信息进行了广泛调研。但是，由于这一时期我国小学英语教师专业发展研究尚缺乏现成可操作的模式，调研还没有涉及小学英语教师专业发展的内涵及标准。第二个阶段是2004—2008年，有研

① 刘兵飞：《小学英语教师专业发展的研究：历程、问题及趋势——基于CNKI收录文献的分析（2001—2015）》，《宜春学院学报》2017年第4期。

究者提出了一般英语教师专业素质结构框架。[①]另外，包括硕士研究生在内的研究队伍也基于我国小学英语教师专业发展内涵及标准开展了一系列调查研究。比较有代表性的有，芜湖市小学英语教师专业素质调查研究[②]和重庆市主城区小学英语教师专业素质现状调查[③]等。

根据教育部发展规划司发布的教育统计资料，2010年小学英语教师的人数仅有333 144人，师生比高达1∶298。2013年，熊国芳和马慧萍所做的调查报告也显示，我国的小学英语教师大多是通过自考、函授、电大、教师进修等方式而获取的本、专科学历，只有少部分毕业于师范类大学、外国语学院的英语教育专业或教育学院的小学英语教育专业。小学英语教师在学历层次方面还远没有达到国家的相关要求。2018年8月，全国小学英语教师人数达到450 226人，尽管从数量上看，新增的英语教师充实了小学英语师资队伍，但我国小学英语学科的师生比仍然高达1∶224。小学英语教师中，研究生毕业的仅占1.8%、本科毕业达到72%、专业毕业生人数超过26%，从全国范围来看，仍有3 420位教师的学历背景仅仅是高中及以下。[④]由此可见，小学英语教师在数量和质量上都有待扩充和优化。

小学教育是义务教育的基石，实行义务教育的重点和难点在农村，农村的义务教育没做好就等于中国的义务教育没做好。因此，英语教育没有

---

① 王蔷：《全国首届小学英语优质课大赛课堂教学观摩分析报告》，《中小学外语教学（中学）》2001年第9期。

② 齐小凤：《小学英语教师专业素质研究——芜湖市小学英语教师专业素质现状与思考》，华东师范大学硕士学位论文，2003年。

③ 张小情：《重庆市主城区小学英语教师专业素质现状调查分析》，《重庆教育学院学报》2004年第9期。

④ 中华人民共和国教育部：《小学分课程专任教师学历情况》，http://www.moe.gov.cn/s78/A03/moe_560/jytjsj_2017/qg/201808/t20180808_344718.html。

在农村小学普及，就意味着这项改革还没有成功。[①]小学英语教师质量决定小学英语教育的质量，加强师资队伍建设是促进农村小学英语教学发展的关键。[②]因此，农村中小学英语师资现状受到了外语教育界学者的广泛关注，关于农村地区中小学英语教师现状的调查与研究也日渐增多。现有文献表明，贵州、广西、云南、西藏等省份农村中小学英语教师师资现状具有很高的相似性。首先，农村英语教师数量严重不足，师资匮乏。以西藏地区为例，小学英语教师与学生比例为1∶158，初中英语教师与学生比例为1∶139，高中英语教师与学生比例为1∶1 560[③]；广西开设英语课的学校不到小学总数的三分之一，而英语教师总数与开设英语课学校总数约为1∶1，相当于每所学校只有一名英语教师[④]，由此可见，农村英语教师数量不足的现象普遍存在，成为阻碍农村英语教育发展的重要因素。其次，农村英语教师性别结构失衡问题也由来已久。刘丕勇的研究表明，内蒙古东部地区小学英语教师中，女性教师所占比例远远大于男性教师的比例，其中女性教师占82.26%，而男性教师仅占17.74%。另外，现有的小学英语教师的年龄基本上集中在20—30岁，尤以20—25岁的居多，有多年教学经验的教师寥寥无几。[⑤]

农村中小学英语教师学历普遍偏低，虽然在一些农村地区小学英语教师中本科毕业的人数逐渐增多，但是这些英语教师获得最高学历的途径

① 沈艳萍：《论农村小学英语教师队伍建设》，华东师范大学硕士学位论文，2006年。

② 马壮：《河南省农村小学英语师资现状与对策研究》，《河南教育学院学报（哲学社会科学版）》2009年第6期。

③ 仓尕措吉、琼达：《西藏山南地区中小学英语师资现状分析》，《西藏大学学报》2010年第S1期。

④ 罗震山、莫颖：《广西农村小学英语师资问题与对策研究》，《教育与职业》2007年第21期。

⑤ 刘丕勇：《内蒙古蒙语授课小学英语师资队伍现状调查与分析》，《内蒙古民族大学学报（社会科学版）》2004年第5期。

多以非脱产、非全日制教育为主。以贵州省9个省市的百余名英语教师为例，其中34人是通过全日制学校获得的，7人通过自学考试的途径获得，61人通过函授的方式获得，13人通过电大就读方式获得，2人通过夜大获得，1人通过网络学院获得，还有6人通过其他方式获得。可见大多数农村中小学英语教师是通过成人高考学历教育这一途径获得的学历。[①]另外，农村英语教师中英语专业毕业生不多，多是由非英语专业毕业生或转岗教师担任英语学科教学。有研究发现，在河南省的农村小学英语教师中，只有三分之一的教师是师范类英语专业毕业，其余均为非英语专业毕业。[②]除了一些乡镇的重点小学有部分英语专业的教师外，其他农村小学的英语教师很大一部分或全部是转行来教英语的，兼课、代课现象严重。

农村英语教师能力不足还体现在科研与教研能力较弱上。科研与教研能力一直是小学英语教师能力的薄弱环节，缺乏研究意识是英语教师科研与教研能力欠缺的主要原因。虽然有些英语教师在教学过程发现可研究的问题，但这些教师缺乏科研理论知识，又没有得到专门的科研写作指导，所以在教学中遇到实际问题也无法及时研究。另外，教师除了进行日常教学外，还要参加各种培训、进修或其他事务性工作，大多数英语教师工作负担较重，可用于科研与教研的时间不足。

为了解决农村英语教师数量不足、质量不高的问题，全国各地都采取了相应的解决措施，有些措施对在全国范围内解决农村英语教师师资问题具有普遍的适应性。首先，要从源头着手，增加高等院校英语专业和师范专业的招生名额，调整与改善英语教师培养的课程，确保培养的英语教师适

① 陶鲤华:《贵州省农村中小学英语师资现状调查分析》,《铜仁学院学报》2014年第5期。

② 李丹:《河南省农村小学英语师资现状与对策研究》,《兰州教育学院学报》2012年第1期。

应农村英语教育的需要。高等师范院校应及时根据基础教育课程改革的需求，积极进行专业设置调整，增设英语教育专业。根据农村小学英语教学需要设置课程，力争为课程改革背景下的农村小学英语教育输送合格人才。

同时，我们要发挥政府与教育部门的积极作用，吸引更多的优秀学生加入到农村英语教师队伍当中。政府与教育主管部门联合，鼓励毕业生到农村中小学开展英语教学实践。①从师范院校英语专业中选拔优秀应届毕业生，让他们加入到农村中小学英语教学的队伍中，逐步解决农村小学英语教师匮乏问题。教育行政部门、人事部门等应该利用政策杠杆，进行适当的政策倾斜，提高农村小学英语教师的工资待遇。教育行政部门可以在生活、交通补贴等方面拉开梯度，或使教学经费在一定时期内向农村小学倾斜等，用待遇吸引更多的人才加入到农村小学英语教师队伍中。

最后，提高在职英语教师的教学能力与专业能力是现今解决农村英语教师师资薄弱问题的重点。师资培训是教育主管部门一项长期的工作，也是提高教师整体素质的有效途径之一。为了在短时间内全面提升农村中小学英语教师整体素质，必须加强培训力度、改进培训模式、提高培训效率。②比如，各学校可与当地教育局联合开办系统的农村中小学英语教师培训班。地方高校可以选派优秀的师资定期开展英语教师培训，为他们提高专业素质提供一个平台，解决他们最关心的问题和困难，以提高农村英语教师的专业水平和教研能力。③在培训模式上可采取“观摩示范课+点评+交流讨论”的形式，把培训落到实处，满足不同层次教师的实际需要。

①③ 陶鲤华：《贵州省农村中小学英语师资现状调查分析》，《铜仁学院学报》2014年第5期。

② 孙艳玲：《农村中小学英语师资现状的困境与对策研究》，《读与写（教育教学刊）》2013年第4期。

第二节
小学英语教师职前培养研究

新中国成立初期，我国的英语师范教育经历了艰辛的发展过程。由于实施全面向苏联学习的政策，到1953年底，全国只有华东师范大学保留了唯一的英语师范专业，用于培养基础教育领域的英语教师。[①]20世纪50年代中后期中苏关系恶化，完全倒向俄语教育的局面得到了纠正，高等师范院校开始恢复英语专业。

随着改革开放的到来，小学英语教育开始在大城市中逐步恢复。20世纪80年代以来，在上海等一些经济发达地区，最初的小学英语师资由中等师范学校培养。有研究指出，这一时期其课程设置强调教育教学技能的培养，其突出的特点是综合性和师范性强，但是在学科知识体系方面仍有缺失，即学科的专业性明显不足。[②]自教育部2001年颁布《教育部关于积极推进小学开设英语课程的指导意见》以来，各地的小学英语课程由全国统一规划，相对集中地大规模开设。2002年起，小学英语教育本科专业列入教育部颁布的专业目录。自此，小学师资培养被正式纳入高等教育体系。

与将英语作为外语教育的其他东亚国家和地区相比，我国英语教师职前教育不仅起步晚，而且学科建设薄弱。长期以来，课程体系基本是在英语专业的课程大纲的基础上进行精简缩略，再加上心理学、教育学与教材

---

① 邹为诚：《中国基础教育阶段外语教师的职前教育研究》，《外语教学理论与实践》2009年第1期。

② 索磊、暴侠：《关于小学英语师资职前培养课程设置的探讨》，《漳州师范学院学报》2008年第3期。

教法等课程。这种职前教育的模式是否合理值得进一步探讨。程晓堂在研究中指出，尽管目前全国师范院校众多，但英语教育专业面临着“去师范化”的趋势。师范类英语专业向市场低头的做法，使得师范类院校不得不转向包括金融英语、商务英语在内的专业方向，削弱了师范类的专业培养力度，从而出现了师范类外语专业英语课程门数缩减的现象，即便在专业学习上，也只是增加了教育学、心理学和教学法等课程。与其他小学学科专业如数学、语文等学科相比，外语在学科建设方面一直处于落后状态。师范院校所培养的英语教师仍然不能满足社会发展的要求，外语教育改革所面临的最大障碍仍然是教师。所以，英语师范专业有必要深入反思教师的培养问题。

一些具有代表性的研究已经在较为深入地探讨小学英语教师职前课程的问题。例如，武尊民梳理了21世纪前10年中英语师范专业设置的情况，对比了我国英语师范教育的课程与国际上的一些训练方法。研究表明，我国师范教育课程目标的描述过于宏观，应在训练的内容上更加具体。①王蔷对12所师范大学的1 012名师范生和142名教师进行了问卷调查，研究了职前教育的方式和师生的态度。研究表明，大部分英语师范类本科专业学生的教学知识与技能的训练主要依赖教学法课程，但课时差异较大，开设时间最长的学校达144学时，最短的只有35学时。此外，被调查的部分师范院校虽然开设了课程论、课程设计、测试与评价等课程。但研究者认为，这些课程内容陈旧、教学方法和手段单一。②韩刚的《课程与人：职

① 武尊民著：《英语教师职前教育——大学本科英语教育专业课程发展个案研究》，上海外语教育出版社2011年版。

② 王蔷：《坚持教师教育办学特色，创建新型英语教师教育平台——以北京师范大学为例》，《外语艺术教育研究》2010年第1期。

前英语教师的成长》一文强调，必须根据英语教师专业知识的特点来开设一系列有针对性的课程，尤其要注重反思能力的培养。①邹为诚深入地探讨了职前英语教师课程与数学、物理、化学、地理、社会、历史等学科教师职前教育的差异。他指出了这种矛盾性特征，在职前专业能力的培养上，师范类英语专业的课程较少设置语言学等基础课程，大量的职前课程关注本科阶段听、说、读、写等英语能力的发展，缺乏有关语言学研究、二语习得研究等方面的课程内容。②邹为诚认为，当前师范院校职前外语教师课程设置不当，是造成目前包括许多大城市中小学英语课堂教学问题突出的根源。他强调，外语的“听说读写”能力并不等同于外语教师的学科知识。国外的相关研究也指出，仅仅强调外语师资课程中的这些能力必然导致“专业虚化”的结果。③外语教师要有优秀的听说读写能力，这是优秀教学实践所必备的基本条件，但这种语言能力并不是外语教师最重要的专业特征。目前我国英语教学专业课程设置偏小的局面，与国际上“外语教师专业化培养”的趋势有较大差异。

有些学者认为，从全国高等师范专业职前英语教师的培养模式看，基本上还是在传统认识论范式下的教师教育模式。其结果是，造成英语职前教师的课程体系缺乏职业性、专业性和系统性。邹为诚的研究进一步从理论角度分析了英语教师教育长期以来还一直处于“前科学”阶段的

---

① 韩刚著：《课程与人：职前英语教师的成长》，外语教学与研究出版社2008年版。

② 邹为诚：《中国基础教育阶段外语教师的职前教育研究》，《外语教学理论与实践》2009年第1期。

③ Larsen-Freeman, D, D., *Freeman*, *Language Moves*: *The place of 'foreign' language in Classroom Teaching and Learning*, in G. Kelly, A. Luke and J. Green (eds.) *Review of Research in Education*: *What Counts as Knowledge in Educational Setting*: *Disciplinary Knowledge*, *Assessment and Curriculum*, Washington, AERA & SAGE, 2008.

根源[①]，他认为外语作为一种“学科语言”，与母语学习的根本不同在于，二者之间横亘着维果茨基揭示的社会文化环境和迈克尔·朗（Michael H. Long）提出的学习者的心理认知因素。在母语习得中，社会文化环境、心理认知等因素赋予母语学习丰富的社会文化含义，教师常常通过“意义协商”（negotiation for meaning）帮助学生进行母语学习，包括互动、交流、鼓励等情感方式，以此来识别、利用和创造学生语言发展的机会。而当前多数外语师范院校职前课程，普遍来说仅仅是外语听说读写技能课程和“教育学知识”的叠加，缺乏的是帮助职前教师将“语言工具”和“语言知识”在有意义的交际活动中组合起来的相关课程和实践活动。

王蔷、邹为诚等进一步指出，目前外语教师职前培养的课程体系与现代课程理念仍有一定的差距，具体表现在以下几个方面。

第一个问题是师范类院校中课程核心的理念偏差。现代课程的核心将学生视为一切教学活动的出发点，课程设计的关键是关注学习者的认知、学习、交往等方面的问题。但是，长期以来外语职前培养课程体系缺乏对这一全新课程概念的理解，在培养外语教师的过程中，依靠的是教师自我经验的累积。入职以后开展教学工作的教师需要用大量教学时间，凭借自身的悟性，理解外语课程目标和教学设计，特别是，如何在课堂教学活动中开展师生互动，如何在互动中评估学生的理解、思维、决策、应用和创造等学习过程。“互动”这一概念在我国外语教师专业课程的设计中远远没有得到应有的重视。

第二个问题是，虽然学校开始重视人文教育和一般教育学课程，但是课程体系中仍然缺乏提升外语教师的职业知识和能力的相关课程。传

① 邹为诚主编：《中国基础英语教师教育研究》，华东师范大学出版社2009年版。

统的外语课程观认为，外语教师的知识与技能主要是“准教师”在学习期间接受训练的结果。因此，师范类高校外语学院等机构开设的训练课程处于举足轻重的地位。当前职前外语教师的课程普遍重视英语知识和技能的训练。师范院校的本科学生四年内有近三分之二的时间在接受英语语言、文化方面的训练。这一训练带有某种意义上的强制性。因此，近年来师范类院校的外语学院日益重视人文教育和一般教育学，相关课程占总学时的近三分之一。外语教学界逐渐认识到，语言学习中的许多问题是由于文化差异造成的。学好一门外语，不仅要掌握目标语的语言知识和听说读写译的基本技能，还必须熟悉他国文化，了解目标语国家的政治、经济、文化和社会等方面的知识，包括目标语国家人民的日常生活方式、举止言谈、思维习惯，所以文化类的课程在课程大纲中占据越来越重的分量。但是，当前职前课程体系忽视了“外语教师的职业知识和能力”培养与外语教师的专业特殊性能力的培养，仅仅将外语师范专业简单地理解为“外语专业”加上“教育学、心理学知识”，造成了英语教师培养方向的偏差。

第三个问题是，师范类院校中外语课程体系对“实习”类课程的重视程度还远远不够。多数院校一般只在本科的第四年教学或者在研究生第三年第一学期中安排4—6周教学实习。外语教师的专业知识带有很强的实践性，实践可以使教师发现自己的专业知识与理想目标之间的差距。美国教育研究协会2005年的一份研究报告显示，无论是自找实习学校，还是安排定点实习学校，实习效果均不理想。效果较好的实习形式恰恰是教育学院自己开设实习课程。在这些“专业培训课程”里，“准教师”可以有效地在实践教学中尝试、检验他们在教师教育课程中所学到的理论知识和方法。[①]这一课程类型值得师范类高校外语教育专业深入研究。

改革开放之初，我国的基础教育迅速发展。在此后的三十年中，教师数量不足是制约中国教育体系发展的主要矛盾。进入21世纪以来，融入全球化浪潮中的中国社会，对英语教育的需求日益扩大。英语的重要性日益突出，由此催生了包括小学英语教育在内的强烈需求。作为培养小学英语教师的主要阵地，师范类高校外语教育专业的职前课程体系需要不断与时俱进。百年大计，教育为本；教育大计，教师为本。小学教育是整个教育的基础，要提高全民族的科学文化水平，必须提高小学教育质量，而高质量的小学教育离不开高质量的小学教师队伍。[②]英语教育专业是培养小学英语教师的摇篮，肩负着为基础教育培养合格的小学英语教师的历史使命。小学英语教师职前教育课程体系的建设直接关系到未来小学英语教师的知识结构和整体素质。[③]但是，由于小学教育本科专业被列入教育部颁布的专业目录时间较晚，各高等院校对于小学教育专业的办学定位和培养目标的理解不尽相同，因此各高校在课程设置上也存在较大差异。由于缺少统一的课程设置标准，小学英语教育专业课程设置出现了很多问题，如英语学科课程与教育学科课程的比例失衡、通识类课程较少以及实践类课程课时少等。为了解决以上问题，许多致力于小学英语教师职前培养问题研究的专家和学者对小学英语教师职前教育课程设置改革提出了意见，包括拓宽通识课程、优化教育专业课程和学科专业课程、加强实

---

① Cochran-Smith, M. & K. M. Zeichner (eds.). *Studying Teacher Education. The Report of the AERA Panel on Research and Teacher Education*, Washing ton, D.C.: AERA & Mahwah, NJ. & London: Lawrence Erlbaum Associates, Publishers, 2005.

② 沈艳萍:《论农村小学英语教师队伍建设——基于对常熟市的调查》，华东师范大学硕士学位论文，2006年。

③ 李妙兰:《新课程下小学英语教师职前教育课程改革探讨》,《教育与教学研究》2012年第10期。

践环节等。具体来说，包括以下几个方面。

第一，应该合理分配各类课程的比例。研究发现，由于“重学术、轻师范”的思想广泛存在，目前职前小学英语教师培养课程设置仍然是以学科课程为主，基础专业课程明显不足。①据统计，世界各国英语教师培养课程中的教育类课程约占总课程16%~33%。②与西方国家相比，我国的教育类课程课时仍较少。部分院校强调“学术性”课程，而大部分院中该类课程比例偏低，在整个课程体系中显得微不足道；而另一部分师范院校则又过分强调“师范性”，教育理论科目之多，基础专业课程过少，学生难以适应时代发展趋势，知识结构与工作实际脱节。根据对国际教师教育的比较研究并结合我国教师教育的实际，李其龙等认为，高等院校小学教育专业在课程设置上，基础课程、学科专业课程、教育学专业课程和教育教学实践环的比例应当为3：3：3：1。③这一观点同样适用于小学教育专业。对于英语方向而言，基础课程（通识课程）、英语学科课程和教育学专业课程应分别占30%左右的比例，教育见习、实习等实践环节占10%左右。这就要求原有课程设置中通识课程比例不足的要增设相关课程，学科知识偏多的要优化压缩或重建学科知识，教育类课程偏少的则要加开必要的教育学专业课程。

第二，应该科学选择各类课程的内容。目前，小学英语教育专业本科专业尚没有公认的、统一的课程方案，但在课程内容选择上还是有原则可循。首先，在通识课上，调整通识课程结构，体现综合性特点。实行通才

① 徐文彬、王爱菊：《高师小学教育本科专业研究现状及其未来建设》，《课程·教材·教法》2007年第12期。

② 叶宝生、王智秋：《不同层次小学教师职前培养的比较研究》，《首都师范大学学报（社会科学版）》2002年第S2期。

③ 索磊、暴侠：《关于小学英语师资职前培养课程设置的探讨》，《漳州师范学院学报》2008年第3期。

教育已成为世界小学师资职前培养的趋势。小学英语教学内容涵盖面广，涉及生活和社会的方方面面，因而小学英语师资职前培养尤其要重视通识教育。所设置的通识课程既要强调广博，还应做到文理渗透，以利于学生人文素质与科学素质的融通。①人文社科和自然科学类的课程是必不可少的基础学科课程，学生通过这些课程的学习掌握政治理论、哲学思想、计算机和现代教育技术等通识性知识，培养音乐、美术、体育方面的素养，为造就一名优秀的小学英语教师提供支持。②因此，小学英语教师教育课程设置要拓宽通识教育内容的涉及面，培养职前教师多方面的素质，为成为一名小学英语教师奠定通识文化基础。

第三，应该使英语知识、教育知识与教育技能并重。把教育理论、英语学科知识的学习与专业技能训练整合起来，理论学习有具体感性经验作依托，在理论与实践的互动中提高学生的反思能力和研究能力，从而形成专业技能训练和理论学习的良性互动。③要把英语学科知识与相应教育学专业知识和技能融为一体，以提高教学效率和针对性，达到英语教师培养中知识与技能并重的目标。

第四，课程设置加强实践环节，调整实践类课程的结构，体现技能性。首先要确保实践环节的教学时间，确保教育实践课时占总课时的10%以上。其次应当树立过程中实践的观念，而不是到毕业前才实习，做到在校期间实践不间断。④同时，我们也要丰富实践的形式，改变把教育实习作为唯一的实践形式的做法，开设包括教育见习、教育实习、社会实

---

① 李妙兰：《新课程下小学英语教师职前教育课程改革探讨》，《教育与教学研究》2012年第19期。

② 孙张静：《教师专业化背景下的小学英语教师职前培养模式》，《教育与教学研究》2010年第4期。

③④ 索磊、暴侠：《关于小学英语师资职前培养课程设置的探讨》，《漳州师范学院学报》2008年第3期。

践、大学生素质拓展实践活动等在内的综合实践课程。把改革的重点放在教育实践课程上，使课内实习、课外实习、校外实习有机结合起来，课内可以采用分析教育案例、模拟教师角色等方式印证教育理论，课外开展微格教学、说课比赛等，同时有计划地安排学生走出校门，到小学见习、实习，访问优秀教师或班主任，观摩或组织课堂教学和班队活动，搞教育调查，辅之以学生课外活动、社团活动、假期社会实践活动等，培养学生的创新精神和综合实践能力，全面提高学生就业时的适应能力。最后，课程设置要面向基础教育改革的实际，加强与小学英语教育的衔接。师范院校应加强与小学的沟通联系，在小学建立稳固的教育实践基地。学校可组织教师到基地小学调研，深入小学英语课堂听课、评课，研究了解小学对英语教师的素质需求以及小学英教学中存在的问题，以此为依据构建课程体系。[①]同时，还可以经常邀请优秀英语教师来校作英语课堂教学策略、英语课堂管理等报告，使英语专业师范学生更加了解小学英语教育教学状况，提高从事英语教学的能力，使其毕业后迅速适应小学英语教学工作。

小学英语教师职前培养依然需要在小学英语教育的实践中不断总结经验、不断探索，对现有课程设置进行完善，为小学英语教育培养更加优秀的人才。

---

① 李妙兰:《新课程下小学英语教师职前教育课程改革探讨》,《教育与教学研究》2012第10期。

第三节
小学英语教师教研研究

目前我国外语教育工作者面临着一个普遍性的问题，即如何评价外语教师专业能力，如何处理好科研和教学之间的关系。由于学术界对外语教师教育专业性认识不足，因而外语教师教育者付出的辛勤劳动得不到应有的承认，导致了“英语教师无专业”的社会偏见。对外语教师的偏见给研究者和实践者提出了一些重要的问题：国际学术界早已确认了“外语教学研究”具有独立的学术地位、独特的知识体系、独特的研究范式和研究任务。我国的外语教育工作者是否真正理解这个“知识体系”是什么，它的研究范式“独特”在何处，它的研究任务是什么。

1957年，教育部颁布《关于中学教研组工作条例（草案）》，将基层教研组织的名称改为教学研究组。此后，从中学到小学，以学科进行划分的各科教研组就成了进行教学研究的单位。①尽管小学英语教研活动起步很晚，但是，作为学校的基层组织，20世纪60—70年代英语教研组一直发挥着重要作用，主要负责执行教学任务和大纲，开展教学研究和实验，以提高学校的教学质量。英语教研组主要有四方面的职责：一是按照学校的教学工作计划，制订本组学年、学期教学工作计划，在教学工作计划实行过程中，查看本组落实学校教学工作计划的情况，并在每个学期末进行总结；二是为教师制订相应的教学任务，在课余时间组织教师开展集体备

① 从立新著：《沉默的权威——中国基础教育教研组织》，北京师范大学出版社2011年版。

课，在备课活动中进行经验交流，解决教师在教学过程中遇到的问题；三是组织学科期中和期末考试的工作，保证试卷的命题与阅卷工作的严肃性。总的来说，与其他教研组的工作一样，英语教研组关注的是教学计划的实施，教学教研活动的开展以及考试工作的完成。

在“文化大革命”之前，我国大城市学校对教研组工作一直非常重视，许多重点工作都是教研组展开的，教师的办公室也是以教研组为单位划分的。1978年以后，各地教研部门逐步恢复并发展。相较于中学英语教研，小学英语教研开展比较晚。曾正平等人的研究指出，到20世纪90年代，小学英语教研逐渐开始在我国学校教育领域中推广。小学英语教研的焦点集中在单词和句型构成的语言知识目标上。尽管这一时期，一些大城市的小学英语教研组已经开始探究课堂教学，但是用于解决课堂教学问题的理论局限于行为主义和认知主义，教研的方式也比较单一，教研员主要通过“听课—评课”这一模式来指导小学英语教师的教学工作。在这一模式中，教研员处于居高临下的地位，教师与教研员的互动并不充分。①

2001年颁布的《全日制义务教育英语课程标准（实验稿）》明确提出了小学到高中各阶段英语课程的目标、内容和要求。从这一时期开始，全国有多地开始进行小学英语教师教研交流。例如，2002年9月湖南省教育学会外语教学专业委员会主办了湖南省第二届小学英语教研课展评，以检阅课堂教学效果、交流教学经验，并进一步探究小学英语教学的方法。2006年2月，全国小学英语教研工作会议在三亚举行，22个省（自治区、直辖市）的小学英语教研员齐集该会，共同研讨小学英语教研。随着小学

① 曾正平、敬金秀：《小学英语学科教研活动的生态环境：回顾、现状与对策》，《基础教育研究》2016年第11期。

英语教研活动的研究越来越多，教研活动出现了多样化的发展趋势。新课程改革的不断深化使专业发展成为教师安身立命的根本。有效的教研活动是促进教师专业发展、提升教学质量的主要途径。①随着英语教研工作的不断深入，以及对英语教师教研形式的不断挖掘，改变和创新教研的运作方式已成为必然，因此，有很多新的英语教师教研活动应运而生并日渐成熟。

根据教研活动开展的区域划分，现有的英语教师教研活动可以分为校本英语教师教研活动与片区英语教师教研活动。近年来，校本英语教研活动得到了各位学者和教师的广泛关注。通过不断的研究与调研，研究人员总结出了校本教研的几个问题。首先，校本英语教研活动最突出的问题是校本英语教研活动缺乏系统性和连贯性，缺乏整体规划。很多小学英语校本教研缺少长期的规划，缺乏整体规划和统一管理。教研活动设计空泛，教研主题偶然性很强。②其次，校本教研活动缺乏教学理论指导，只重视研究讲课方法，不重视学习教学理论。③理论指导缺乏导致教师在教研活动后依然对课堂教学目标不明确，教学效果不佳。最后，很多学校的校本教研形式单一，教师较为注重讲、听、评等活动，其他教研形式很少。

为了规范校本教研活动，改变校本教研的形式，提升教师专业发展的意识，我们应该对校本教研形式进行改进。其中，最常见的是用集体备课的形式开展有效的校本教研活动。集体备课是校本教研的一种有效形式，它要求参与者有深厚的知识储备，对教育理念有深入的理解，对教材有充分的认识，对教法有独到的思考。在组织集体备课的过程中，课题组根据

---

①② 肖珑：《信息技术支持下的英语教研活动——英语教师专业发展的有效途径》，《外语电化教学》2009年第3期。

③ 吕红梅：《校本教研提升小学英语课堂教学质量研究》，《英语教师》2016年第12期。

全册书的编排体系进行合理分工，让每个教师都承担相应的内容。先由主备人重点准备，在集体备课时说明自己的设计理念、目标的确立、方法的选定、学习流程的预设等。辅备人也要相应地说出自己的想法，然后对有争议的问题和环节进行研讨，取得一致意见，完善教学设计。同时，备课人在课后要提出改进的方法和理论依据，为下一次的集体备课奠定基础。经常进行教学反思，不仅可以促使教师不断更新教育理念，改善教育教学行为，而且能培养教师对教育教学问题进行独立思考的能力和创造性思维，从而真正成为教科研的主人。

片区教研活动是指按照强弱搭配的原则，为整合学科资源、教师资源，将一定区域内的学校教师划归为一片，在区（县）教研室的指导下，定期组织开展以理论学习、备课、上课、评课、反思等形式为主要内容的教学研讨活动。①与传统的校本教研活动相比，片区英语教师教研活动打通了学校间的壁垒，增强了共赢意识，实现了区域均衡。②

根据技术介入手段的不同，英语教师教研活动可以分为传统教研活动与网络教研活动。网络教研以网络为平台，教师能够从中获得大量的专业知识和教学资料。这些资料既可以为学生提供优秀的教学资料，也可以提高教师自身素养，促进教师的专业化。③与传统教研活动相比，网络环境下开展的教研活动具有它的优越性。第一是便利性，教师使用互联网进行网络教研使得他们可以用较快的速度获取所需要的信息。④第二是资源共享与互补。通过共享教学资料和分享教育心得，不同地区的教师能够互相

---

① 王文青：《关于开展联片教研活动的探讨》，《青海师专学报：教育科学》2016年第12期。

② 贺万琦：《构建片区教研共同体　促进英语教师专业成长——以衢州市柯城区小学英语教研活动为例》，《教学月刊小学版（综合）》2012年第12期。

③ 陈芳：《立足网络教研　促进农村英语教师专业化发展》，《课程教育研究》2018年第38期。

④ 赵诺嘉：《开展网络教研　促进小学英语教师的专业发展》，《教育导刊》2010年第10期。

学习，农村地区的教师也可以通过网络调研了解城市教师的教学方法和教学进度。这对于教师教学工作很有帮助。①第三是跨专业性。网络教研有助于跨专业交流，提升教师专业发展的综合素质。②传统的教研通常在特定的教研组内进行，通常是统一专业或科目的教师进行教研，而很少有跨专业方面的教研活动。网络与教研的结合改变了教师以前的教研模式，不同领域的教师可以在同一个平台上进行交流，扩大了教研的共享范围和协作程度。

但网络教研也存在一些问题需要完善。首先是网络设备问题，有些学校尤其是中西部和农村地区的学校，学校缺少网络设备，阻碍了教师参与网络教研。即使有些学校有网络设备，但是设备不够完善，网络质量较差，影响网络教研的质量与效率。同时，网络教研依赖网站建设，但是由于网络教研发展较晚，网站建设有待改进，网站容量有限，致使教学资源没有办法上传共享。其次，基于网络环境进行教研活动，要求参与者能较熟练地操作网络设备，但是很多学校的小学英语教师不能熟练使用网络设备，这直接制约了网络英语教研活动的开展。因此，有必要对英语教师进行网络操作的技能培训。最后，网络教研可能导致教师产生网络依赖，忽视情感交流。教育技术现代化使教育资源更加丰富多彩，网络教研的资源共享性使教学资源的获得也更加方便，这使得有些小学英语教师过分依赖网络教研。③

根据教研的内容与主题的不同，教研的形式与方法也各不相同。现有

① 陈芳：《立足网络教研促进农村英语教师专业化发展》，《课程教育研究，2018年第38期。

② 邢彬、关晨：《网络教研与常规教研对大学英语教师专业发展影响的比较研究》，《长春教育学院学报》2011年第3期。

③ 赵诺嘉：《开展网络教研　促进小学英语教师的专业发展》，《教师导刊》2010年第10期。

的教研方式有集体备课式、课例研讨式、课题研究式、项目组合式、师徒结对式、专题沙龙式、课程开发式、教学评比式、质量检查式、信息交流式十种方式。[①]课例研讨是小学英语教师教研的重要组成部分，课例研讨的教研活动也有多种方式。第一种是同课异构。两个或两个以上的教师在不同的教学班讲授同一教学内容。之后，教师可以面对面地交流，在交流中达成共识。第二是一人同课。同一个教师借班多次上同一课，内容重复，但教学行为不断改进。虽然课题内容相同，但他们通过独立课的实践自悟、带教教师的帮助和备课组的集体会诊，经过二度反思后，循序渐进地改善教学行为，教学技能提高明显。第三种是多人同课。备课组的教师同备、同上一节课，同组教师对于出现的问题需要不断地跟进、诊断、互动。第四种是同伴互助。同伴互助是指观课教师带着问题走进课堂，教师在观课过程中可以思考并进行提问，授课教师逐一回答，阐述自己的教学目标、教学思路、教学设计、教学过程。[②]

小学英语教师教研活动是小学英语教师改善课堂教学，提高学生学习效果，促进小学英语教师专业发展的重要方式。无论小学英语教师采取哪种教研方式，都应该秉承高效、优质的原则，确保有教研就有收获。

---

① 汪卫平：《联片教研——一个教师群体发展的框架》，《新课程（综合版）》2008年第8期。

② 吴莉萍：《校本教研与英语教师专业成长研究》，《福建教育学院学报》2010年第4期。

第四节
小学英语教师发展研究的最新进展

一、小学英语教师队伍建设研究

2001年，教育部颁布的《关于积极推进小学开设英语课程的指导意见》(以下简称《指导意见》)明确了开展小学英语教学对于21世纪基础教育课程改革的必要性和重要性。《指导意见》要求我国应从2001年秋季学期开始逐渐从市、县至乡镇开设和普及小学英语课程。由此，我国进入了小学英语教学研究和实践快速发展的阶段。①2012年，陕西省进行了名为“西安地区小学英语教师教育创新研究及教育资源均衡发展”的项目，项目采用文献资料法、访谈法、问卷调查法、实地调查法和亲身参与法从数量和质量两个维度探索了我国小学英语师资现状，并提出了建议。研究表明：我国小学专业英语教师数量不足，教师课业压力较重；被调研的小学英语教师大多没有接受过专业的教学培训，整体素质水平不容乐观；英语教师比例失调。基于调查结果，熊国芳和马慧萍提出了建设高水平英语教师队伍的建议，包括应推进英语职业教育以提高师资质量，对在岗英语教师开展不间断的培训，筛选和培养符合需求的转岗教师，以及联合高校开设英语教育大专班等。

① 熊国芳、马慧萍：《小学英语教师队伍建设的现状与举措》，《教学与管理(小学版)》2013年第12期。

浙江省在2002年出台了《小学英语教师岗位培训合格证书试行办法》。该办法对全省小学英语教师教学能力和水平测试标准做出了具体的规定，即要求小学英语教师达到以下标准：具有扎实的语言基本功，掌握基本的语言知识，有较高的听、说、读、写教学技能，在英语水平上达到全国英语等级考试二级标准，能熟练地用英语组织课堂教学；具有教学设计、实施课堂活动、制作和运用多种教学手段等较强的教学能力，能创设丰富的英语学习环境，具有能歌善舞、能写善画的艺术才能；性格活泼、有创新意识；同时要求口语自然流利、语音语调正确。

二、小学英语教师专业发展研究

教师专业发展是教师在开始职业生涯以后，不断充实知识和技能、积累教学经验、提高教学质量、革新教学行为的过程。这一过程将贯彻教育教学实践的始终，是一个持续渐进的过程，需要教师不断更新教学理念和教学模式，以适应时代的发展。随着小学英语教学的质量问题逐渐得到重视，教师短板逐渐凸显出来。提升教师专业发展能力，提升教师的自身综合能力不仅对于每一名教师都至关重要，而且可以有效地改善小学英语教育质量。

与其他学科教师的专业发展不同，我国小学英语教师专业发展的研究起步较晚。自2001年教育部颁布的《基础教育课程改革纲要（试行）》提出在小学中高年级开设外语课程（大部分地区外语课程以英语为主）之后，研究者才开始将目光转移到小学英语教师专业发展上来。2007年，教育部师范教育司委托全国教师教育学会和中国教育学会外语教学专业委员会研制《全国中小学英语教师专业水平等级标准（试行）》。该标准根据教师专业成长的不同阶段，对小学、初中和高中三个阶段的英语教师在专业知识和专业能力等方面提出了具体要求。英语教师的专业能力包含九方面的内容，即英语语言能力、英语语言知识、英语教学方法、英语学习过程与学习者、课堂教学与课程、测试与评价、教育技术能力、语言思维与文化和教师专业发展。这九个方面的内容又可概括为语言能力、教学能力、发展能力三个领域。该标准的试行，为小学英语教师专业发展提供了方向，让教师明确知道自己已经掌握了什么，还需要做什么，使教师专业发展有章可循。近些年来，针对小学英语教师专业发展的研究逐渐增多。如戴水姣提出了新课程背景下小学英语教师专业发展问题；杜新秀研究了小学英语教师专业发展的问题与对策；王玉玲提出了小学英语教师专业发展策略。这些研究有助于加深小学英语教师专业发展的理论认识，同时也提出了一些提升专业发展能力的方法，对小学英语教师有一定的借鉴作用。

虽然英语教师专业发展受到了很多关注，但是对英语教师专业发展的研究多是集中在高校英语教师专业发展的问题上，关注小学英语教师专业发展的学者不多。但还是有一些研究人员对小学英语教师专业发展的问题进行了探讨和研究。例如，戴水姣在调查湖南小学英语教师专业发展时指出，年龄、职称、性别、教龄、学历和学校背景是影响教师专业发展的因素。为此，应该充分认识小学英语教师专业化价值，实施“分段培训”，采取教学与科研并举的重要措施，促进小学英语教师专业发展。①杜新秀

① 戴水姣：《影响小学英语教师专业发展的因素与对策》，《山东师范大学外国语学院学报（基础英语教育）》2012年第6期。

在调查广州市多名英语教师后发现，教学任务重、工作压力大、培训效果不理想、缺乏有力的专业引领、自主发展意识淡薄是影响教师专业发展的因素。相对应的，应该通过创设宽松的专业发展氛围、提升教师自我发展意识、推动专业引领和同伴互助、搭建教师知识管理平台等措施促进英语教师的专业发展。[①]鄢汉萍通过采取访谈法、问卷法等方式，对黔东南地区的多名小学英语教师进行调查，发现小学英语教师专业发展的优势是年轻教师较多、年轻教师可塑性强、学习能力强、进取心和求知欲强，而劣势是教师年龄结构、职称结构不合理、专业不对口、教学水平低。[②]为此，鄢汉萍提出了小学英语教师专业发展的策略，即教育和人事部门应对小学英语教学进行一定的政策倾斜，制订小学英语教师专业发展计划。[③]程晓堂和孙晓慧提出了英语教师专业发展所面临的主要问题和挑战，包括尚未建立系统的教师专业发展支持体系、教师自身专业发展意识不够、缺乏必要的发展支持等。[④]

三、农村和少数民族地区小学英语教师队伍建设研究

长期以来，小学英语教学工作的重心在大城市，一直到2001年新课程改革以后，农村地区的小学英语教师队伍建设才开始。我国小学英语教师队伍建设采取了分步走的战略，即先在城市和县城小学实施，然后再在

---

① 杜新秀：《小学英语教师专业发展的问题与对策》，《教育学术月刊》2010年第5期。

②③ 鄢汉萍：《小学英语教师专业发展现状和对策研究》，《内蒙古师范大学学报（教育科学版）》2015年第8期。

④ 程晓堂、孙晓慧：《中国英语教师教育与专业发展面临的问题与挑战》，《外语教学理论与实践》2010年第3期。

乡镇所在地小学逐步展开。这一实施战略充分考虑到了我国各地小学的师资条件，使小学英语教学在全国各地有序地开展，保证了小学英语的教学质量。

尽管在农村小学开设英语课已经是势在必行，但我国农村小学外语教育整体形势仍不容乐观。主要的问题包括：英语专业背景的教师非常稀缺、学校的重视程度不够、家长的支持不足等问题。①英语教育在全国的广泛开展，对农村小学英语师资的配备和要求提出了严峻的挑战。农村小学的英语师资主要是由非英语专业的转岗教师及年轻的英语专业特岗教师所构成。由于转岗教师未接受过专业的英语教育，他们的职后专业发展成了提升农村地区英语教育质量的关键问题。②一些研究者对农村小学英语教师的专业发展进行了有针对性的研究，特别是对农村小学英语师资培训模式及策略进行了研究。例如，林红提出了小学英语教师在职培训的“3+3+3”模式③，同时，她还对广东省非英语专业小学教师转岗培训进行了研究并提出了转岗培训课程的五个板块。④在小学英语刚刚开始在农村实施之际，这些早期的研究提供了“急救章”式的方案。

2007年，贺林茂、何智通过对江西九江地区农村小学英语教师的基本素质进行调查分析，对农村小学英语教师培训的微观策略进行了研究，他们指出，“农村小学英语教师基本素质偏低是制约农村小学英语教学发展的瓶颈”。⑤2010年，李志强对来自全国各地的一百多位小学农村英语

---

① 齐小凤：《小学英语教师专业素质研究》，华东师范大学硕士学位论文，2003年。

② 陈冬梅：《贵州省农村小学英语教师语音水平现状调查与培训策略》，《中国教育学刊》2017年第6期。

③ 林红：《小学英语教师在职培训3+3+3模式的研究》，《现代教育论丛》2000年第6期。

④ 林红：《非英语专业小学教师转岗培训的研究》，《现代教育论丛》2003年第4期。

⑤ 贺林茂、何智：《农村小学英语教师培训的微观策略》，《江西教育科研》2006年第7期。

教师进行了问卷调查，分析了农村小学英语教学的基本现状，对培训中的问题以及进行有效培训的策略进行了研究，并提出“农村小学教师要突破语音关”①。刘玉娟通过对河北省廊坊市50所农村小学转岗英语教师进行问卷调查和走访，对农村小学转岗英语教师的现状和培训需求进行了分析研究，并提倡采用“天网、地网、人网”有机结合的“三网结合”式培训。②

与农村小学英语教育面临的挑战类似，少数民族地区小学英语教育也面临困境。少数民族教育对加快少数民族地区发展、构建和谐社会发挥着基础性、先导性作用，有利于进一步提升少数民族地区的教育水平。不少学者对少数民族地区小学英语教育进行了调查。与农村地区的小学英语教育很相似，少数民族地区的小学英语教育也面临着师资水平不高、课堂效率低下、学生接触英语机会少以及教学设施落后等问题。更具有挑战性的是，少数民族地区学生一般要学习三门语言——本族语、汉语和英语，这给他们的英语学习带来了更多的困难。因此，少数民族地区的小学英语教育的实施困难重重，小学英语教师长期处于短缺状态。同时，少数民族地区小学英语教师学历程度参差不齐，例如，黔东南少数民族地区小学英语教师许多为中专或大专学历，一部分教师甚至在职多年才获取相应的岗位学历证书。由于专业知识贮备不足，黔东南少数民族地区在实施英语教学过程中只注重语法教学，对西方文化知识了解较少，无法有效地将语音、词汇和语法的学习与英语文化联系起来。

针对少数民族地区小学英语教育的困难和挑战，龙力芳和薛程文提出

---

① 李志强：《农村小学英语教师培训初探》，《现代教育科学·普教研究》2010年第2期。

② 刘玉娟：《农村小学转岗英语教师现状和培训需求——对廊坊市农村小学的调查》，《赤峰学院学报（自然科学版）》2009年第6期。

了相应的对策。他们认为，互联网信息教学是一种现代化教学方式，有利于突破当地培训资源不足的限制。基于互联网上极为丰富的教育资源，充分利用网络平台进行一对一教学培训和提供教学实践的机会，促进少数民族地区小学英语教师的专业发展。研究提出，在专业发展的途径上，应该结合少数民族地区小学具体的教学设计内容有效地制订英语教育培训目标、培训方法和培训内容，在培训过程中要将教育理论和教育实践有机结合起来，从而让少数民族地区小学英语教师真正体验到专业发展的益处。①

① 龙力芳、薛程文：《探讨黔东南小学英语教育现状研究》，《课程教育研究》2018年第9期。

主要参考文献

一、著作类

［1］ 安凤岐、梁承锋著:《小学英语新课程教学法》，首都师范大学出版社2008年版。

［2］ 陈琳、王蔷、程晓堂主编:《义务教育英语课程标准（2011年版）解读》，北京师范大学出版社2012年版。

［3］ 程晓堂、刘兆义著:《教育部义务教育新课程远程研修丛书·小学英语》，华东师范大学出版社2008年版。

［4］ 程晓堂、孙晓慧著:《英语教材分析与设计》，外语教学与研究出版社2011年版。

［5］ 程晓堂、刘兆义主编:《教育部义务教育新课程远程研修丛书·小学英语》，华东师范大学出版社2008年版。

［6］ 程晓堂著:《英语教材分析与设计》，外语教学与研究出版社2002年版。

［7］ 戴炜栋、胡文仲主编:《中国外语教育发展研究（1949—2009）》，上海外语教育出版社2009年版。

［8］ 付克著:《中国外语教育史》，上海外语教育出版社1986年版。

［9］ 韩刚著:《课程与人：职前英语教师的成长》，外语教学与研

究出版社2008年版。

［10］何安平著:《外语教学大纲·教材·课堂教学：设计与评估》，广州教育出版社2001版。

［11］洪子锐、惠幼莲编著:《小学英语教学法》，广东人民出版社，2006年版。

［12］黄国营主编:《英语教育学》，江西教育出版社，1997年版。

［13］蒋树业著:《包天仁与四位一体教学法》，国际文化出版公司，2003年版。

［14］课程教材研究所编:《20世纪中国中小学课程标准·教学大纲汇编：外国语卷（英语）》，人民教育出版社1999年版。

［15］课程教材研究所编:《新中国中小学教材建设史研究丛书·英语卷》，人民教育出版社2001年版。

［16］邹为诚主编:《中国基础英语教师教育研究》，华东师范大学出版社2009年版。

［17］李丽生等编著:《英语新课程改革理论与实践》，云南大学出版社2005年版。

［18］李良佑、张日昇、刘犁著:《中国英语教学史》，上海外语教育出版社1988年版。

［19］李庭芗著:《英语教学法》，高等教育出版社1983年版。

［20］廖美玲著:《如何利用儿童故事来教英语》，台湾敦煌出版社2001年版。

［21］刘道义、吴兆颐主编:《英语教育在中国：历史与现状》，人民教育出版社2015年版。

［22］刘道义主编:《基础外语教育发展报告（1978—2008）》，上海

外语教育出版社2008年版。

[23] 刘道义著:《刘道义英语教育自选集》，外语教学与研究出版社2007年版。

[24] 罗少茜主编:《任务型语言教学：任务、任务研究、任务型教学与评价及教师培训》，高等教育出版社2011年版。

[25] 吕立杰著:《国家课程设计过程研究：以我国基础教育“新课程”设计为个案》，教育科学出版社2008年版。

[26] 束定芳主编:《中国特色外语教学改革探索：江苏华南实验学校英语教学改革实验纪实（2009.5—2011.1）》，上海外语教育出版社2012年版。

[27] 孙长顺、韩忠亮著:《英语教学法研究》，中央民族大学出版社1999年版。

[28] 田式国主编:《英语教学理论与实践》，高等教育出版社2001年版。

[29] 王宝印著:《循环式素质英语教学法》，中国海洋大学出版社2008年版。

[30] 王才仁、曾葡初著:《英语双重活动教学法》，广西教育出版社1999年版。

[31] 王蔷、孙琳、程晓堂、陈则航、马欣著:《小学英语课程体系整体创新的实践与探索》，上海教育出版社2012年版。

[32] 王蔷著:《小学英语教学法教程》，高等教育出版社2003年版。

[33] 王蔷著:《中国小学英语教学研究——教师对以学生为中心的课程理念的认知与实践》，外语教学与研究出版社2010年版。

[34] 吴欣、杨晓青主编:《中国中小学英语教师现状调查与分析》，

人民教育出版社2008年版。

［35］ 武尊民著:《英语教师职前教育——大学本科英语教育专业课程发展个案研究》，上海外语教育出版社2011年版。

［36］ 张小红著:《全球化语境下的英语课程改革》，武汉大学出版社2013年版。

［37］ 张正东著:《中国外语教学法理论与流派》，科学出版社2000年版。

［38］ 周流溪主编:《中国中学英语教育百科全书》，东北大学出版社1995年版。

［39］［美］波帕姆著，国家基础教育课程改革“促进教师发展与学生成长的评价研究”项目组译:《测验的反思：对高利害测验的建议》，中国轻工业出版社2005年版。

［40］［美］威金斯著，国家基础教育课程改革“促进教师发展与学生成长的评价研究”项目组译:《教育性评价》，中国轻工业出版社2005年版。

二、期刊论文类

［1］ Alan Maley、马寅初:《述论传统教学法和交际教学法在中国协调运用的可行性》,《外国语》1998年第5期。

［2］ 北京教科院教研中心外语教研室课题组:《对中小学外语学习评价的初步研究》,《中小学外语教学》2001年第8期。

［3］ 北京师范大学外语系课题组:《论在外语教学中构建形成性评

价体系》,《中小学外语教学》2001年第5期。
[4] 卜玉华:《小学英语教学目标设计中的常见问题及对策》,《课程·教材·教法》2011年第9期。
[5] 仓尕措吉·琼达:《西藏山南地区中小学英语师资现状分析》,《西藏大学学报》2010年第S1期。
[6] 曾正平、敬金秀:《小学英语学科教研活动的生态环境:回顾、现状与对策》,《基础教育研究》2016年第11期。
[7] 陈冬梅:《贵州省农村小学英语教师语音水平现状调查与培训策略》,《中国教育学刊》2017年第6期。
[8] 陈芳:《立足网络教研,促进农村英语教师专业化发展》,《课程教育研究》2018年第38期。
[9] 陈莉、张秀丽:《学习外语越早越好吗?——年龄与外语学习》,《基础教育外语教学研究》2003年第6期。
[10] 陈连秋:《小学英语课堂活动的设计与实施》,《中小学外语教学(小学)》2007年第3期。
[11] 陈琳:《让“多语种、高质量、一条龙”的愿望完满实现》,《中小学英语教学与研究》2009年第1期。
[12] 陈允龙:《基于课堂情境的教案设计》,《长江师范学院学报》2012年第6期。
[13] 陈芝英、林珊珊:《基础英语教学研究与教师发展——游戏在小学英语课堂运用的思考》,《外语教学研究》2010年第8期。
[14] 程可拉:《“产品式大纲”与“过程式大纲”评析》,《国外外语教》2000年第3期。
[15] 程可拉:《外语学习的三对基本概念辨析》,《课程·教材·教

法》2006年第6期。

[16] 程晓堂、龚亚夫:《〈英语课程标准〉的理论基础》,《课程、教材、教法》2001年第3期。

[17] 程晓堂、孙晓慧:《中国英语教师教育与专业发展面临的问题与挑战》,《外语教学理论与实践》2010年第3期。

[18] 程晓堂:《小学英语课程资源的开发与利用》,《教育实践与研究》2002年第5期。

[19] 崔允漷:《学生学业成就评价处在十字路口》,《教育发展研究》2006年第9期。

[20] 崔允漷,刘辉:《我国义务教育阶段学生统考调研报告》,《教育发展研究》2008年第3期。

[21] 戴曼纯:《第二语言习得研究中的理论建设问题》,《国外语言学》1997年第4期。

[22] 戴水姣:《影响小学英语教师专业发展的因素与对策》,《基础英语教育》2012年第6期。

[23] 邓昕:《语言教学的交际性原则在英语写作教学中的运用》,《湖南大众传媒职业技术学院学报》2008年第2期。

[24] 杜新秀:《小学英语教师专业发展的问题与对策》,《教育学术月刊》2010年第5期。

[25] 范宏雅:《当前小学英语教学的争议焦点与反思》,《课程·教材·教法》2007年第7期。

[26] 高妙芳:《试析小学英语有效课堂活动的组织设计》,《教育教学论坛》2011年第3期。

[27] 广东省教育厅:《广东省中小学英语教育发展计划》,2009年3

月20日。

[28] 桂诗春:《外语学习时间要越早越好吗?——从宏观上考虑中学英语教学改革》,《外语教学与研究》1987年第1期。

[29] 郭宝仙:《英语课程发展性学生评价方法种种》,《中小学英语教学与研究》2005年第7期。

[30] 韩宝成、常海潮:《中外外语能力标准对比研究》,《中国外语》2011年第8卷第4期。

[31] 韩宝成、刘润清:《我国基础教育阶段英语教育回眸与思考(一)》,《外语教学与研究》2008年第2期。

[32] 何声钟:《江西省小学英语教育现状调查与思考》,《江西教育学院学报》,2010年第3期。

[33] 贺林茂、何智:《农村小学英语教师培训的微观策略》,《江西教育科研》2007年第7期。

[34] 贺万琦:《构建片区教研共同体,促进英语教师专业发展——衢州市柯城区小学英语教研活动为例》,《教学月刊小学版》2012年第12期。

[35] 湖北省教育厅:《省教育厅转发教育部关于积极推进小学开设英语课程的指导意见的通知》。

[36] 蒋红梅、任健华:《近十年来中小学课堂教学管理研究综述》,《现代教育科学(普教研究)》2012第4期。

[37] 教育部:《教育部关于积极推进小学开设英语课程的指导意见》,2001年1月18日。

[38] 靳玉乐、王牧华:《新中国中小学课程教材建设五十年》,《西南师范大学学报(人文社会科学版)》2000年第11期。

[39] 李丹:《河南省农村小学英语师资现状与对策研究》,《兰州教育学院学报》2012年第1期。
[40] 李慧敏:《小学三年级英语任务型课堂教学设计研究》, 上海师范大学硕士学位论文2014年。
[41] 李建平:《教育部有关方面负责人细说小学为何要开设英语课》,《中国教育报》2001-03-10。
[42] 李妙兰:《新课程下小学英语教师职前教育课程改革探讨》,《教育与教学研究》2012年第10期。
[43] 李水康:《学习大纲中关于教学目的的体会》,《中小学外语教学》1982年第6期。
[44] 李庭萝:《学习重点中学英语教学大纲的体会》,《中小学外语教学》1982年第6期。
[45] 李筱菊:《浅谈外语教学的交际教学法》,《现代外语》1984年第1期。
[46] 李昕辉:《我国英语教育史初探》,《青岛海洋船员学院学报》2001年第3期。
[47] 李艳红、孟建平:《小学英语档案袋评价(Portfolio Assessment)》,《教育实践与研究》2013年第1期。
[48] 李予军:《交际法研究在中国: 问题与思考》,《外语界》2001年第2期。
[49] 李正栓, 索磊:《美国外语教学模式给我们的启示》,《外语与外语教学》2003年第7期。
[50] 李志强,《农村小学英语教师培训初探》,《现代教育科学·普教研究》2010年第2期。

[51] 林红:《非英语专业小学教师转岗培训的研究》,《现代教育论丛》2003年第4期。
[52] 林红:《小学英语教师在职培训3+3+3模式的研究》,《现代教育论丛》2000年第6期。
[53] 刘兵飞:《小学英语教师专业发展的研究:历程、问题及趋势:基于CNKI收录文献的分析(2001—2015)》,《宜春学院学报》2017年第39卷第4期。
[54] 刘道义:《改革开放30年的中小学英语教材》,《英语教师》2008年第10期。
[55] 刘道义:《义务教育初中英语教学大纲浅谈》,《天津教育》1990年第2期。
[56] 刘道义:《中小学英语教育发展进程中的问题和建议》,《课程·教材·教法》2009年第2期。
[57] 刘道义:《百年沧桑与辉煌:简述中国基础英语教育史》,《中国教育科学》2015年第4期。
[58] 刘道义:《改革开放30年的中小学英语教材》,《英语教师》2008年第10期。
[59] 刘道义:《小学开外语,步子要稳妥》,《光明日报》2001年2月15日。
[60] 刘化丛:《教师教学行为方式变革问题研究综述》,《中小学教师培训》2012年第6期。
[61] 刘兰英:《发展性课堂教学评价指标体系的构建》,《教育理论与实践》2008年第12期。
[62] 刘明东、刘倩:《〈小学英语课程标准〉(2011年版)解读》,

《湖南第一师范学院学报》2013年第1期。
[63] 刘丕勇：《内蒙古蒙语授课小学英语师资队伍现状调查与分析》，《内蒙古民族大学学报》2004年第5期。
[64] 刘勇士：《英语有效课堂的建构》，《教育与管理》2013年第4期。
[65] 刘玉娟：《农村小学转岗英语教师现状和培训需求———对廊坊市农村小学的调查》，《赤峰学院学报（自然科学版）》2009年第6期。
[66] 龙力芳、薛程文：《探讨黔东南小学英语教育现状研究》，《课程教育研究》2018年第9期。
[67] 罗婷婷：《简论小学英语游戏教学》，《外国语文论丛》第8辑。
[68] 罗震山：《广西农村小学英语师资问题与对策研究》，《师资建设》2007年第21期。
[69] 吕红梅：《校本教研提升小学英语课堂教学质量研究》，《英语教师》2016年第12期。
[70] 吕良环：《论外语自主学习能力之培养》，华东师范大学博士学位论文2005年。
[71] 马笑岩、瞧秀梅，《国内任务型教学模式的研究现状综述》，《新课程研究（中旬刊）》2011年第10期。
[72] 马秀梅：《国内任务型教学模式的研究现状综述》，《新课程研究中旬刊》2011年第10期。
[73] 马壮：《河南省农村小学英语师资现状与对策研究》，《河南教育学院学报（哲学社会科学版）》2009年第6期。
[74] 彭为萍、徐庆仰：《小学英语课堂活动设计的有效性》，《英语

教师》2009年第7期。
[75] 钱瑗:《介绍一份教材评估一览表》,《外语界》1995年第1期。
[76] 秦刚、鲜子英、陈国彬:《中小学校内教育不公平危害浅析》,《科学咨询：教育科研版》2012年第9期。
[77] 沈文:《试探儿童学习英语的最佳年龄及教学策略》,《常州师范专科学校学报》2003年第1期。
[78] 束定芳、励哲蔚、张逸岗:《上海市小学英语教学情况的调查与思考》,《外语界》2003年第3期。
[79] 束定芳:《关于我国外语教育规划与布局的思考》,《外语教学与研究》2013年第3期。
[80] 孙平华:《论我国中小学英语教材的评价标准》,《课程·教材·教法》2006年第4期，第49—55页。
[81] 孙艳玲:《农村中小学英语师资现状的困境与对策研究》,《读与写杂志》2013年第4期。
[82] 孙张静:《教师专业化背景下的小学英语教师职前培养模式》,《教育与教学研究》2010年第4期。
[83] 索磊、暴侠:《关于小学英语师资职前培养课程设置的探讨》,《漳州师范学院学报》2008年第3期。
[84] 覃修桂:《承前启后，创建中国特色的英语教学模式——评“双语活动教学法”》,《外语界》，1999年第3期。
[85] 唐丽芳、马云鹏:《新课程实施情况调查：问题与障碍》,《教育理论与实践》，2002年第10期。
[86] 陶鲤华:《贵州省农村中小学英语师资现状调查分析》,《铜仁

学院学报》2014年第5期。
[87] 汪卫平:《联片教研——一个教师群体发展的框架》,《新课程（综合版）》第2008年第8期。
[88] 王才仁:《我缘何倡导“双重活动教学法”》,《中小学外语教学》1998年第2期。
[89] 王蔷:《坚持教师教育办学特色，创建新型英语教师教育平台一以北京师范大学为例》,《外语艺术教育研究》2010年第1期。
[90] 王蔷:《全国首届小学英语优质课大赛课堂教学观摩分析报告》,《中小学外语教学（中学）》2001年第9期。
[91] 王蔷:《我国小学英语课程政策与实施分析》,《中国外语》2011年第4期。
[92] 王文青:《关于开展联片教研活动的探讨》,《青海师专学报（教育科学）》2009年第3期。
[93] 王湘玲、宁春岩:《从传统教学观到建构主义教学观：两种教学观指导下的英语教学对比研究》,《外语与外语教学》2003年第7期。
[94] 邬展云:《中学英语教学调查》，引自《外国语言文学论文集》(《南京师大学报》增刊)，南京师范大学出版社1987年版。
[95] 吴莉萍:《校本教研与英语教师专业成长研究》,《福建教育学院学报》2010年第4期。
[96] 席春玲:《陶行知生活教育理论对当今中小学英语教学的启示》,《课程·教材·教法》2006年第10期。
[97] 夏纪梅、孔宪烽:《试论外语教材的功能等有关问题》,《外语

教学》1999年第1期。
[98] 夏纪梅等:《"难题教学法"与"任务教学法"的理论依据及其模式比较》,《外语界》1998年第3期。
[99] 肖珑:《信息技术支持下的英语教研活动——英语教师专业发展的有效途径》,《外语电教教学》2009年第3期。
[100] 谢志贤、张玉双:《外语教学流派对基础教育英语教学大纲的影响》,《长春大学学报》2007年第3期。
[101] 邢彬、关晨:《网络教研与常规教研对大学英语教师专业发展影响的比较研究》,《长春教育学院学报》2011年第3期。
[102] 熊国芳、马慧萍:《小学英语教师队伍建设的现状与举措》,《教学与管理》2013年第35期。
[103] 徐多云:《农村留守儿童英语学习的障碍分析》,《外语教学与研究》2015年第3期。
[104] 徐文彬:《高师小学教育本科专业研究现状及其未来建设》,《课程·教材·教法》2007年第12期。
[105] 许传珠:《绘本丰富学童的英语学习》,《师友月刊》2004年第7期。
[106] 鄢汉萍:《小学英语教师专业发展现状和对策研究》,《内蒙古师范大学学报(教育科学版)》2018年第8期。
[107] 杨丽:《小学英语课堂教学设计研究》,《教育与教学研究》2014年第2期。
[108] 杨小娟:《外语教学法的继承与发展》,《课程·教材·教法》2004年第11期。
[109] 叶宝生、王智秋:《不同层次小学教师职前培养的比较研究》,

《首都师范大学学报（社会科学版）》2002年第S2期。
[110] 虞利旦：《让英语绘本打开孩子们课外阅读的天地》，《英语广场（学术版）》2013年第1期。
[111] 禹明：《香港小学英语教学一瞥》，《中小学外语教学》2000年第8期。
[112] 张布和：《我国学业成就评价改革现状及对策》，《中国教育学刊》2009年第4期。
[113] 张海龙、栾福莲：《世界各国小学英语外语教学概况》，《基础教育外语教学研究》2002年第6期。
[114] 张丽华：《论在英语教学中发挥传统语法翻译法的功效》，《教育评论》2003年第5期。
[115] 张献臣：《新课程理念下中小学英语教学需要处理的几个辩证关系》，《课程·教材·教法》2007年第4期。
[116] 张小情：《重庆市主城区小学英语教师专业素质现状调查分析》，《重庆教育学院学报》2004年第9期。
[117] 张玉双：《基础教育英语教学大纲制订及修改的科学程序》，《长春大学学报》2007年第5期。
[118] 赵诺嘉：《开展网络教研，促进小学英语教师的专业发展》，《教育导刊》2010年第10期。
[119] 郑海燕：《农村小学英语教学现状对策》，《教学与管理》2009年第11期。
[120] 中华人民共和国教育部：《关于加强中学外语教育的意见》，1982年7月30日。
[121] 周琳：《日本小学英语教育概况及借鉴思考》，《课程·教

材·教法》2012年第7期。

[122] 邹秋萍、周琳:《对小学英语两极分化现状的反思——北京市海淀区骨干英语教师问卷调查剖析》,《基础教育研究》2013年第9期。

[123] 邹为诚:《中国基础教育阶段外语教师的职前教育研究》,《外语教学理论与实践》2009年第1期。

三、学位论文类

[1] 蔡月:《小学英语教师课堂教学行为有效性研究》,上海师范大学硕士学位论文,2016年。

[2] 陈艳君:《基本本土视角的中国英语教学法研究》,湖南师范大学博士学位论文,2015年。

[3] 付安权:《当代我国基础教育外语课程价值取向研究》,湖南师范大学博士学位论文,2009年。

[4] 郭宝仙:《英语课程组织的研究》,华东师范大学博士学位论文,2004年。

[5] 胡俊杰:《小学英语教师课程资源开发的研究一以上海地区为例》,上海师范大学博士论文,2008年。

[6] 蒋大丽:《沪港小学英语课程标准比较研究》,上海师范大学硕士学位论文,2010年。

[7] 李红恩:《论英语课程的文化品格》,西南大学博士学位论文,2012年。

［8］ 李慧敏:《小学三年级英语任务型课堂教学设计研究》，上海师范大学硕士学位论文，2014年。
［9］ 梁吉安:《基于真实性评价的高中英语语法评价工具的设计研究》，华中师范大学硕士学位论文，2009年。
［10］ 刘龙华:《新课程背景下小学英语学习评价改革的研究》，天津师范大学硕士学位论文，2007年。
［11］ 刘珠凤:《基于多元智能理论的小学英语词汇教学的实证研究》，青岛大学硕士学位论文，2013年。
［12］ 宓世清:《农村小学生英语学习态度的调查研究》，鲁东大学硕士学位论文，2014年。
［13］ 欧阳凤枝:《中国、上海、欧洲与美国的基础教育阶段英语课程标准的比较研究》，华东师范大学硕士学位论文，2012年。
［14］ 齐小凤:《小学英语教师专业素质研究———芜湖市小学英语教师专业素质现状与思考》，华东师范大学硕士学位论文，2003年。
［15］ 钱雯婷:《台北翰林版和上海牛津版英语教材交际功能的对比分析》，上海师范大学硕士学位论文，2014年。
［16］ 钱谣谣:《基于英文绘本的小学英语校本课程开发：以无锡市Y小学为例》，苏州大学硕士学位论文，2017年。
［17］ 沈艳萍:《论农村小学英语教师队伍建设》，华东师范大学硕士学位论文，2006年。
［18］ 孙蕊:《中小学英语教学活动设计要素研究》，华中师范大学硕士学位论文，2009年。
［19］ 唐英:《小学生英语学习兴趣的结构、现状及影响因素研究》，

西南大学硕士学位论文，2008年。
[20] 王囡：《活动教学中的活动方式有效性研究》，西南大学硕士学位论文，2010年。
[21] 王威：《美国多元智能理论指导下中小学学生评价研究》，东北师范大学硕士学位论文，2007年。
[22] 王英杰：《小学英语课堂教学评价体系研究》，东北师范大学硕士学位论文，2011年。
[23] 魏斌：《小学英语课程标准的文化哲学研究：两岸三地小学英语课程标准的比较研究及其文化哲学的启示》，华南师范大学硕士学位论文，2002年。
[24] 翁巧玲：《中韩小学英语课程标准比较研究》，扬州大学硕士学位论文，2013年。
[25] 奚丽娜：《小学英语语音教学分级目标设计和教学策略研究》，宁波大学硕士学位论文，2014年。
[26] 夏向东：《中国英语学习类期刊发展研究》，武汉大学硕士学位论文，2005年。
[27] 谢红仔：《小学英语课程实施现状探究》，华南师范大学，2003年。
[28] 徐文晔：《小学生英语口语能力评价研究》，华东师范大学硕士学位论文，2007年。
[29] 杨斯琦：《傣族地区小学英语教育状况调查研究》，重庆师范大学硕士学位论文，2017年。
[30] 易斌：《改革开放30年中国基础教育英语课程变革研究（1978—2008）》，湖南师范大学博士学位论文，2010年。

[31] 张海波:《现代韩国义务教育阶段英语教育课程目标及内容的演进研究》，延边大学硕士学位论文，2011年。
[32] 张弦:《英语教育初小衔接研究》，青岛大学硕士学位论文，2016年。
[33] 张正菲:《衔接教学视角下的小学英语语音教学现状分析及对策研究》，宁波大学硕士学位论文，2013年。
[34] 章洁:《游戏教学法在小学英语中的运用研究》，华中师范大学，2014年。

四、政策文件类

[1] 中华人民共和国教育部:《全国教育事业发展统计公报，1998—2017年》。
[2] 中华人民共和国教育部基础教育司教材选用与课程资源开发的研究课题组:《中小学教材选用情况的调查报告》，人民教育出版社2008版。
[3] 中华人民共和国教育部:《教育部关于积极推进小学开设英语课程的指导意见》，教基[2001]2号。
[4] 中华人民共和国教育部:《全日制中学英语教学大纲(草案)》。
[5] 中华人民共和国教育部:《全日制中小学英语教学大纲(试行草案)》。
[6] 中华人民共和国教育部:《全日制十年制中小学英语教学大纲(试行草案)》。

[7] 中华人民共和国教育部:《全日制义务教育普通高级中学英语课程标准(实验稿)》,北京师范大学出版社2001版。
[8] 中华人民共和国教育部:《义务教育英语课程标准(2011年版)》,北京师范大学出版社2011年版。
[9] 中华人民共和国教育部:《义务教育英语课程标准(2011年版)》,北京师范大学出版社2012年版。

五、报刊文章类

[1] 陈琳:《小学开设英语会加重负担吗?》,《光明日报》2001-02-08。
[2] 黄泰铨:《小学英语符合国情最重要》,《光明日报》2002-04-12。
[3] 王蔷:《用改革的方式解决英语课程改革面临的困难》,《中国教育报》2008-09-12。
[4] 杨雄里:《学生应先学好母语》,《文汇报》2001-11-21。

六、英文文献类

[1] Bloom B S., *Hand book on Formative and Summative Evaluation Student learning*, London: McGraw-Hill, 1971.
[2] Larsen-Freeman, D. D. Freeman, Language moves: The place of

'foreign' language in classroom teaching and learning, in G. Kelly A. Luke and J. Green (eds.) *Review of Research in Education: What Counts as Knowledge in Educational Setting: Disciplinary Knowledge Assessment and Curriculum*, Washington, AERA & SAGE, 2008.

[3] Schubert W.H., *Curriculum: Perspective, Paradigm and Possibility*, New York: MacMillan Publication, 1996.

[4] Tang, L. X. (1983). *TEFL in China: Methods and techniques.* Shanghai: Shanghai Foreign Language Education Press.

[5] Zhang D. B., Chinese primary school English curriculum reform. In J. N. Ruan & C. B. Leung (Eds.), *Perspectives on teaching and learning English literacy in China*, 2012.